초급 에스페란토 회화

BAZNIVELA KONVERSACIO DE ESPERANTO

BAZNIVELA KONVERSACIO DE ESPERANTO

초급 에스페란토 회화

이영구 · 신현규 지음

HU:iNE

Antaŭparolo
머리말

에스페란토는 1887년 폴란드 안과의사인 L. L. 자멘호프 박사가 창안한 국제어로, 누구나 배우기 쉬운 언어입니다. 에스페란토는 언어이면서 동시에 자신의 민족어를 잘 보존하면서 다른 언어 구사자와는 국제어로 소통하자는 1민족 2언어주의를 바탕으로 하는, 일종의 언어를 통한 평화 운동입니다.

저명한 언어학자 N. 촘스키는 '인간은 언어 습득에 있어서 단순한 모방이 아니라 규칙을 이해하고 재해석하여 창조 생산한다'고 주장하였습니다. 이는 다시 말하면 언어란 단순히 학습(Lerno)의 대상뿐만 아니라 습득(Akiro)의 대상으로도 접근되어야 한다는 뜻입니다. 고로 언어 학습에서 교재의 필요성과 중요성은 굳이 말을 덧붙이지 않아도 분명한 것이며 본 교재가 갖는 가치도 여기에 있을 것입니다. 아울러 45종의 외국어를 가르치는 외국어 교육의 메카인 한국외국어대학교에서 새로운 에스페란토 교재가 출간된다는 점은 큰 의의를 지닌다고 볼 수 있습니다.

본 <초급 에스페란토 회화>는 앞서 출간되어 현재까지 교재로 사용되는 <첫걸음 에스페란토>의 자매편에 해당합니다. <첫걸음 에스페란토>가 에스페란토 품사를 기초로 하여 문법을 설명하고 문화와 역사를 다룬다면 <초급 에스페란토 회화>는 이를 실제 에스페란토 사용 환경으로 이끌어낼 수 있도록 설계되었습니다. 소통과 이해를 중점으로 하는 문장을 구성하였고 여기에 실제 현장에서 펼쳐지는 일반 의문문 및 특수 의문문을 접목시켜 이를 토대로 독자 여러분이 다양한 질의응답을 할 수 있도록 하였습니다. 실용성과 역동성을 지닌 본문의 내용을 익히고서 연습문제를 풀어봄으로써 문장의 체득과 확장을 스스로 느끼실 수 있기를 바랍니다.

이 책이 앞으로 여러분이 국제어 에스페란토로 세계 시민을 만나고 친구를 사귀는 기반이 되기를 바라면서, 이 책이 나오기까지 수고를 아끼지 않은 허성 한국에스페란토협회 어학위원장, 박용승 ILEI 한국지부장, 윤성우 지식출판콘텐츠원장, 그리고 독일의 Konstanze Schönfeld에게 감사의 말씀을 드립니다.

2020년 2월 2일

이영구, 신현규

BAZNIVELA KONVERSACIO DE ESPERANTO

초급 에스페란토 회화

Enhavo
목차

Personoj
등장인물

KIM Minsu (김민수)

Koreo (21-jara), studento pri ekonomiko

SUZUKI Haru (鈴木はる)

Japano (20-jara), studento pri vjetnama lingvo

Gabriel BISSET

Franco (19-jara), studento pri ĵurnalismo

WANG Han(王汉)

Ĉino (20-jara), studento pri internacia politiko en Roterdamo

Annie Batungbakal

Filipinano (26-jara), tradukisto en Kanado

Jan van DIJK

Nederlandano (29-jara), verkisto pri vojaĝo

Dmitri IVANOV

Ruso (43-jara), laboristo

Antaŭlernado
선행학습

1. La 16 Reguloj de Esperanto / 에스페란토의 16개조 문법

제1조. 부정관사는 존재하지 않는다. 정관사 la만이 존재하며 모든 성과 격, 수에서 동일하다.

※ 관사의 쓰임은 다른 언어에서와 동일하다. 관사의 쓰임이 어려운 사람은 처음에는 전혀 사용하지 않을 수 있다.

Nedifinita artikolo ne ekzistas; ekzistas nur difinita artikolo(la), egala por ĉiuj seksoj, kazoj kaj nombroj.

※ La uzado de la artikolo estas tia sama, kiel en la aliaj lingvoj. La personoj, por kiuj la uzado de la artikolo prezentas malfacilaĵon, povas en la unua tempo tute ĝin ne uzi.

제2조. 명사는 어미로 '-o'를 갖는다. 복수를 형성하기 위하여 어미 '-j'를 더한다. 격은 주격과 목적격으로 오직 두 가지만이 존재한다. 목적

격은 주격에 어미 '-n'가 더해짐으로써 취할 수 있다. 다른 격은 전치사의 도움으로써 표현된다(소유격은 de로, 여격은 al로, 탈격은 per로 표현하거나 뜻에 따라서 다른 전치사를 사용하는 식).

La substantivoj havas la finiĝon *o*. Por la formado de la multenombro oni aldonas la finiĝon *j*. Kazoj ekzistas nur du: nominativo kaj akuzativo; la lasta estas ricevata el la nominativo per la aldono de la finiĝo *n*. La ceteraj kazoj estas esprimataj per helpo de prepozicioj (la genitivo per *de*, la dativo per *al*, la ablativo per *per* aŭ aliaj prepozicioj laŭ la senco).

제3조. 형용사는 '-a'로 끝난다. 격과 수는 명사에서와 마찬가지로 적용된다. 비교급은 pli라는 단어를 통해서, 최상급은 plej를 통해서 형성된다. 비교급에서 전치사 ol이 쓰인다.

La adjektivo finiĝas per *a*. Kazoj kaj nombroj kiel ĉe la substantivo. La komparativo estas farata per la vorto *pli*, la superlativo per *plej*; ĉe la komparativo oni uzas la konjunkcion *ol*.

제4조. 기본 수사는 다음과 같다. Unu, du, tri, kvar, kvin, ses, sep, ok, naŭ, dek, cent, mil. 십 단위와 백 단위는 수사를 합성하여 만든다. 서수 표시는 형용사 어미를 더함으로써 이루어진다. 배수 표시는 접미사 '-obl-'를 통하여, 분수 표시는 접미사 '-on-'를 통하여, 집합수 표시는 '-op-'를 통하여, 분할 수는 단어 'po'를 통하여 이루어진다. 이를 제외하고도 수사는 명사와 부사로 쓰일 수 있다.

La numeraloj fundamentaj (ne estas deklinaciataj) estas: unu, du, tri, kvar, kvin, ses, sep, ok, naŭ, dek, cent, mil. La dekoj kaj centoj estas formataj per simpla kunigo de la numeraloj. Por la signado de numeraloj ordaj oni aldonas la finiĝon de la adjektivoj; por la multoblaj - la sufikson *obl*, por la nombronaj - *on*, por la kolektivaj - *op*, por la disdividaj - la vorton *po*. Krom tio povas esti uzataj numeraloj substantivaj kaj adverbaj.

제5조. 인칭대명사는 다음과 같다. Mi, vi, li, ŝi, ĝi(사물 또는 동물), si, ni, vi, ili, oni. 소유대명사는 형용사 어미를 더함으로써 형성된다. 어미 변화는 명사에서의 경우와 같다.

Pronomoj personaj: mi, vi, li, ŝi, ĝi(pri objekto aŭ besto), si, ni, vi, ili, oni; la pronomoj posedaj estas formataj per la aldono de la finiĝo adjektiva. La deklinacio estas kiel ĉe la substantivoj.

제6조. 동사는 인칭이나 수에 따라 변하지 않는다. 동사의 형태는 다음과 같다. 현재 시제는 '-as' 어미, 과거 시제는 '-is' 어미, 미래 시제는 '-os' 어미, 가정법은 '-us' 어미, 명령법은 '-u' 어미, 부정법은 '-i' 어미를 취한다. (형용사 또는 부사적 의미로서) 분사는 다음과 같다. 능동 현재형은 '-ant' 어미, 능동 과거형은 '-int' 어미, 능동 미래형은 '-ont' 어미, 수동 현재형은 '-at' 어미, 수동 과거형은 '-it', 수동 미래형은 '-ot' 어미를 취한다. 모든 수동형태는 동사가 수동 분사형을 취하고 'esti' 동사가 적합한 형태로 도움을 줌으로써 형성된다. 수동형의 전치사는 'de'이다.

La verbo ne estas ŝanĝata laŭ personoj nek nombroj. Formoj de la verbo: la tempo estanta akceptas la finiĝon *-as*; la tempo estinta *-is*; la tempo estonta *-os*; la modo kondiĉa *-us*; la modo ordona *-u*;

la modo sendifina *-i*. Participoj (kun senco adjektiva aŭ adverba): aktiva estanta *-ant*; aktiva estinta *-int*; aktiva estonta *-ont*; pasiva estanta *-at*; pasiva estinta *-it*; pasiva estonta *-ot*. Ĉiuj formoj de la pasivo estas formataj per helpo de responda formo de la verbo 'esti' kaj participo pasiva de la bezonata verbo; la prepozicio ĉe la pasivo estas 'de'.

제7조. 부사는 어미 '-e'로 끝난다. 비교 등급은 형용사에서와 같다.

La adverboj finiĝas per *e*; gradoj de komparado kiel ĉe la adjektivoj.

제8조. 모든 전치사는 기본적으로 주격을 요구한다.

Ĉiuj prepozicioj per si mem postulas la nominativon.

제9조. 모든 단어는 쓰인 대로 읽힌다.

Ĉiu vorto estas legata, kiel ĝi estas skribita.

제10조. 강세는 항상 마지막 음절에서 하나 앞에 놓인다.

La akcento estas ĉiam sur la antaŭlasta silabo.

제11조. 합성어는 단순 단어 합성을 통해 형성된다(핵심어가 끝에 놓인다). 문법 어미 또한 독립 단어로서 간주된다.

Vortoj kunmetitaj estas formataj per simpla kunigo de la vortoj (la ĉefa vorto staras en la fino); la gramatikaj finiĝoj estas rigardataj ankaŭ kiel memstaraj vortoj.

제12조. 단어가 부정어라면 ne가 생략된다.

Ĉe alia nea vorto la vorto *ne* estas forlasata.

제13조. 방향을 표시하기 위하여 단어는 목적격 어미를 취한다.

Por montri direkton, la vortoj ricevas la finiĝon de la akuzativo.

제14조. 모든 전치사는 고정불변의 의미를 갖는다. 그러나 전치사를 사용해야 하는데 직접적인 의미만으로는 전치사를 꼽을 수 없을 때 우리는 독립적인 뜻이 없는 'je'를 사용한다. 전치사 'je'를 대신하여 전치사가 없는 꼴로 목적격을 사용할 수도 있다.

Ĉiu prepozicio havas difinitan kaj konstantan signifon; sed se ni devas uzi ian prepozicion kaj la rekta senco ne montras al ni, kian nome prepozicion ni devas preni, tiam ni uzas la prepozicion 'je', kiu memstaran signifon ne havas. Anstataŭ la prepozicio 'je', oni povas ankaŭ uzi la akuzativon sen prepozicio.

제15조. 많은 언어가 하나의 원천에서 끌어다 쓰는 소위 외래어의 경우에 에스페란토는 해당 언어의 표기법을 그대로 받아들여 변화 없이 그대로 쓴다. 그러나 한 어근에 다양한 단어가 있는 경우, 변화 없이 오직 기본적인 단어만을 사용하고 다른 것들은 에스페란토의 규칙을 통해 형성하는 것이 더욱 좋다.

La tiel nomataj vortoj fremdaj, t.e. tiuj, kiujn la plimulto de lingvoj prenis el unu fonto, estas uzataj en la lingvo Esperanto sen ŝanĝo, ricevante nur la ortografion de tiu ĉi lingvo; sed ĉe diversaj vortoj de unu radiko estas pli bone uzi senŝanĝe nur la vorton fundamentan kaj la ceterajn formi el tiu ĉi lasta laŭ la reguloj de la lingvo Esperanto.

제16조. 명사와 관사의 마지막 모음은 생략하고 아포스트로피(')로 대체할 수 있다.

La fina vokalo de la substantivo kaj de la artikolo povas esti forlasata kaj anstataŭigita de apostrofo.

2. Alfabeto / 에스페란토의 문자

에스페란토의 알파벳은 28자로 구성된다. 로마자 중 Q, W, X, Y가 빠지고 Ĉ, Ĝ, Ĥ, Ĵ, Ŝ, Ŭ가 추가되었다.

대문자	소문자	국제음성기호(IPA)	대문자	소문자	국제음성기호(IPA)
A	a	/a/	K	k	/k/
B	b	/b/	L	l	/l/
C	c	/ʦ/	M	m	/m/
Ĉ	ĉ	/ʧ/	N	n	/n/
D	d	/d/	O	o	/o/
E	e	/e/	P	p	/p/
F	f	/f/	R	r	/r/
G	g	/g/	S	s	/s/
Ĝ	ĝ	/ʤ/	Ŝ	ŝ	/ʃ/
H	h	/h/	T	t	/t/
Ĥ	ĥ	/x/	U	u	/u/
I	i	/i/	Ŭ	ŭ	/w/
J	j	/j/	V	v	/v/
Ĵ	ĵ	/ʒ/	Z	z	/z/

문자의 이름은 모음과 자음, 그리고 기타 로마자마다 차이가 있다.

1) 모음의 이름: 발음이 곧 문자를 가리키는 이름이 된다.

예: Aa [아], Ee [에], Ii [이], Oo [오], Uu [우]

2) 자음의 이름: 각 자음 뒤에 모음 o를 붙인 소리를 문자의 이름으로 삼는다.

Bb [보], Hh [호], Jj [요], Kk [코], Ŭŭ [워], …

3) 기타 로마자: Q, W, X, Y는 각자의 이름을 가진다.

Qq (kuo, [쿠오]), Ww (duobla vo, [두오블라 보]), Xx (ikso, [익소]), Yy (ipsilono, [입실로노])

기타 로마자는 일반적인 에스페란토 환경에서는 사용되지 않으며 인명, 외래어 표기나 수학 등 제한된 범위에서 쓰인다.

3. Prononco kaj Akcento / 발음과 강세

모음 / Vokalo

에스페란토의 모음은 a, e, i, o, u로 다섯 개이며 하나의 음절(音節: 발음 단위)을 이룬다.

a: 한국어의 [아]와 같이 발음한다.

granda [그란다] 큰 / rapida [라피다] 빠른

e: 한국어의 [에]와 같이 발음한다.

verda [베르다] 푸른, 녹색의 / stelo [스텔로] 별, 항성

i: 한국어의 [이]와 같이 발음한다.

sinprezento [씬프레젠토] 자기소개 / skii [스키이] 스키를 타다

o: 한국어의 [오]와 같이 발음한다.

Esperanto [에스페란토] 에스페란토 / Koreio [코레이오] 한국

u: 한국어의 [우]와 같이 발음한다.

urso [우르소] 곰 / kurso [쿠르소] 강의, 강좌

반모음 / Duonvokalo

에스페란토의 반모음은 j, ŭ로 두 개다. 반모음은 모음과 결합하여 이중모음을 형성한다.

반모음 + 모음

j: ja [야], je [예], ji [이*], jo [요], ju [유]

jaro [야로] 해, 년
jes [예스] 예, 네, 그렇습니다
ĝoji [조이*] 기뻐하다
majo [마요] 5월
junio [유니오] 6월

ŭ: ŭa [와], ŭe [웨], ŭi [위], ŭo [워], ŭu [우*]

antaŭa [안타와] 앞의, 선행의
ĉirkaŭe [치르카웨] 근처에, 둘레에
adiaŭi [아디아위] 작별인사를 하다
hodiaŭo [호디아워] 오늘
antaŭu [안타우*] 앞장서시오

모음 + 반모음

aj [아이], ej [에이], oj [오이], uj [우이], aŭ [아우], eŭ [에우]

rajdi [라이디] (자전거, 오토바이 등) 타다
hejmo [헤이모] 집, 가정
katoj [카토이] 고양이들, 많은 고양이

tuj [투이] 즉시, 바로

adiaŭ [아디아우] (한참 못 볼 사람에게) 안녕, 잘 가

Eŭropo [에우로포] 유럽

자음 / Konsonanto

b: [보]와 같이 발음하되 성대를 떤다.

bebo 아기 / bela 아름다운

c: [쪼]와 같이 발음한다. [토]와 [쏘]를 동시에 발음하는 느낌이다.

cent 백, 100 / pico 피자

ĉ: [쵸]와 같이 발음한다.

ĉokolado 초콜릿 / ĉambro 방

d: [도]와 같이 발음하되 성대를 떤다.

danco 춤 / domo 집

f: 영어의 [f]와 같이 발음한다. 윗니를 아랫입술에 대고 공기를 밖으로 내보내어 발음한다.

facila 쉬운 / fari 하다, 만들다

g: [고]와 같이 발음하되 성대를 떤다.

gaja 기쁜 / ago 행동

ĝ: [조]와 같이 발음하되 성대를 떤다.

ĝardeno 정원 / ĝusta 옳은

h: [호]와 같이 발음한다.

hundo 개 / historio 역사

ĥ: [크]와 [호]를 함께 발음하는 느낌이다.

ĥameleono 카멜레온 / ĥoro 합창

ĵ: [죠]와 같이 발음하되 성대를 떨고 새는 소리가 많이 난다. [쇼]와 소리가 비슷하다.

ĵurnalo 신문 / aĵo 물건

k: [코]와 같이 발음한다.

kafo 커피 / kvieta 고요한

l: [로]와 같이 발음한다. '일', '말'의 받침 /ㄹ/ 소리다.

legi 읽다 / libera 자유로운

m: [모]와 같이 발음한다.

muziko 음악 / monto 산

n: [노]와 같이 발음한다.

nomo 이름 / nova 새로운

p: [포]와 같이 발음한다.

paco 평화 / pomo 사과

r: [로]와 같이 발음한다. '미리', '바람' 속 /ㄹ/ 소리이되 떨어준다.

revido 재회 / ricevi 받다

s: [소]와 같이 발음한다. 강하게 [쏘]로 발음하기도 한다.

saluton 안녕하세요 / sufiĉa 충분한

ŝ: [쇼]와 같이 발음한다.

ŝtono 돌 / ŝati 좋아하다

t: [토]와 같이 발음한다.

tero 땅, 지구 / tuta 전체의

v: [보]와 같이 발음하되 윗니를 아랫입술에 대고 공개를 밖으로 내보내어 발음한다. 성대를 떨면서 [f]를 발음한다.

vidi 보다 / verda 푸른, 녹색의

z: 영어의 [z]와 같이 발음한다. 성대를 떨면서 [s]를 발음한다.

zorgi 염려하다 / Zamenhof 자멘호프

강세 / Akcento

강세는 마지막 음절의 앞에, 다시 말해 뒤에서 두 번째 음절에 놓인다. 에스페란토는 각 모음이 하나의 음절을 형성하므로 뒤에서 두 번째 모음이 곧 두 번째 음절을 가리킨다고 볼 수 있다.

Espe*ran*to

Ma*te*no

Vesper*man*ĝo

일부 단어는 음절이 하나밖에 없는데 이런 경우에는 강세를 갖지 않는다.

Mi, nun, por, kaj, dum, ol, …

BAZNIVELA ★
KONVERSACIO DE
ESPERANTO
초급 에스페란토 회화

Ĉapitro 1
Saluton! Mi estas KIM Minsu.

Salutoj 인사말　Sinprezento 자기소개

★ Konversacio 1

Minsu　Saluton! Ĉu vi estas Esperantisto?

Gabriel　Jes, mi estas Esperantisto. Kaj vi?

Minsu　Ankaŭ mi estas Esperantisto.

Gabriel　Ho, saluton, amiko!

saluton 안녕하세요 / ĉu vi estas … 당신은 …입니까? / estas 입니다 / Esperantisto 에스페란토 화자, 에스페란토 사용자 / jes 네, 맞습니다 (↔ ne 아니오) / mi estas … 나는 …입니다. / kaj vi? 당신은요? / ankaŭ 또한, 역시나, 마찬가지로 / ho 아! 어! / amiko 친구

★ Konversacio 2

Gabriel Jen, mia vizitkarto.

Minsu Dankon. Via nomo estas Gabriel.

Gabriel Mi venas el Francio. Kaj vi?

Minsu Mia nomo estas Minsu. Mi estas koreo.

jen (시선을 끄는) 자! 여기! / dankon 고맙습니다 / mi venas el … 저는 … 출신입니다. / Francio 프랑스 / mia nomo estas … 제 이름은 …입니다 / koreo 한국인

★ Konversacio 3

Gabriel Ĉu vi estas studento? Mi estas studento pri ĵurnalismo.

Minsu Jes, mi estas studento pri ekonomiko.

Gabriel Bone. Ĝis revido!

Minsu Ĝis!

studento pri … …을 전공하는 학생 / ĵurnalismo 언론(신문방송) 전공 / ekonomiko 경제학 / bone 잘, 제대로; 좋습니다! / ĝis revido 또 봅시다 / ĝis (=ĝis revido)

★ Ekzerco 1

예시를 읽고 주어진 표현으로 빈칸을 채워 읽으시오.

ekzemplo

Ĉu vi estas Esperantisto?

— Jes, mi estas Esperantisto.

— Ne, mi ne estas Esperantisto.

a. Ĉu vi estas [A] ?

— Jes, mi estas [A] .

Hayeong	studento
koreo	bela

b. Ĉu vi estas [A] ?

— Ne, mi ne estas [A] .

hundo	arbo
profesoro	sata

★ Ekzerco 2

예시를 읽고 서로 연관이 있는 자기소개를 짝지으시오.

ekzemplo

Mi venas el Koreio. — Mi estas koreo.

Mi venas el Fracio.	①	ⓐ	Mi estas kanadano.
Mi venas el Britio.	②	ⓑ	Mi estas egipto.
Mi venas el Japanio.	③	ⓒ	Mi estas japano.
Mi venas el Egiptio.	④	ⓓ	Mi estas brito.
Mi venas el Ĉinio.	⑤	ⓔ	Mi estas franco.
Mi venas el Usono.	⑥	ⓕ	Mi estas nederlandano.
Mi venas el Brazilo.	⑦	ⓖ	Mi estas ĉino.
Mi venas el Kanado.	⑧	ⓗ	Mi estas usonano.
Mi venas el Nederlando.	⑨	ⓘ	Mi estas polo.
Mi venas el Pollando.	⑩	ⓙ	Mi estas brazilano.

★ Ekzerco 3

예시를 읽고 주어진 표현으로 빈칸을 채워 읽으시오.

ekzemplo

Mi estas studento pri hungara lingvo.

Mi estas studento de HUFS(Hankuk Universitato de Fremdaj Studoj).

a. Mi estas studento pri [A] .

fiziko	angla lingvo
korea literaturo	juro

b. Mi estas studento de [A] .

Kyung Hee Universitato	Korea Nacia Universitato de Artoj
Pekina Universitato	Universitato de Harvardo

★ Esprimo kaj Vorto

Saluton!	Bonan matenon!	Bonan tagon!
Bonan vesperon!	Kiel vi fartas?	Mi fartas bone.
Bonvenon!	Dankon!	Nedankinde!
Bonan apetiton!	Bonan nokton!	Ĝis revido!

Ĉapitro 2
Kio estas tio?

Priskribo 묘사　Demonstrado 지시

★ Konversacio 1

Minsu　Bonan tagon, Gabriel! Kiel vi fartas?

Gabriel　Saluton, Minsu. Mi fartas bone, dankon. Kio estas tio?

Minsu　Ĉi tio? Ĉi tio estas libro pri Esperanto.

bonan tagon 좋은 하루입니다! (낮 인사) / kiel vi fartas? 어떻게 지내세요? / mi fartas bone 저는 잘 지냅니다 / dankon 고맙습니다 / kio estas … …은 무엇입니까? / tio (화자로부터 먼) 그것 / ĉi tio (화자에게 가까운) 이것 / libro 책, 서적 / pri … …에 대하여, 대한

★ Konversacio 2

Gabriel Kia estas ĉi tiu libro?

Minsu Ĝi estas interesa.

Gabriel Minsu, tiu virino havas la saman libron!

Minsu Kiu estas ŝi?

kia estas … …은 어떠합니까? (성질, 상태 등) / ĉi tiu (화자에게 가까운) 이 / ĝi (앞서 언급한) 이것, 그것 / interesa 흥미로운, 흥미를 유발하는 / tiu (화자로부터 먼) 그, 저 / virino 여성 / havas 가진다, 가지고 있다 / la (정관사) / sama 같은, 동일한 / kiu estas … …은 누구입니까? / ŝi 그녀, 그 여자

★ Konversacio 3

Gabriel Ŝi estas dekstre de la blanka tablo.

Minsu Aha, ŝi havas la saman libron.

Gabriel Eble ankaŭ ŝi estas Esperantisto.

… estas …이 있습니다 / dekstre de … …의 오른편에 (↔ maldekstre de 왼편에) / blanka tablo 흰 책상 / aha 아하! / eble 아마도

★ Ekzerco 1

예시를 읽고 주어진 표현으로 빈칸을 채워 읽으시오.

> **ekzemplo**
>
> Kio estas tio?
>
> — Ĉi tio estas libro pri Esperanto.

a. Kio estas [A] ?

— Ĉi tio estas [A] .

krajono	pano
libro	kato

> **ekzemplo**
>
> Kiu estas ŝi?
>
> — Ŝi estas Hayeong.

b. Kiu estas [A] ?

— [A] estas [B] .

[A]	Li	Ŝi
[B]	Adamo	Lidia

c. Kiu estas [A] ?

— [B] estas [C] .

[A]	Mi	Vi
[B]	Vi	Mi
[C]	Adamo	Lidia

★ Ekzerco 2

예시를 읽고 주어진 표현으로 빈칸을 채우시오.

ekzemplo

Kia estas ĉi tiu libro?

— Ĝi estas interesa.

Kia estas [A] ?

— [B] estas [C] .

[A]	Adamo	Lidia	Esperanto
[B]	Li	Ŝi	Ĝi
[C]	bona	talenta	facila

Kia estas	[A]	?	[B]	estas	[C]

✪ Ekzerco 3

예시를 읽고 주어진 표현으로 빈칸을 채워 문장을 완성하시오.

ekzemplo

Kiel vi fartas?

— Mi fartas bone.

Kiel vi kuris?

— Mi kuris [A] .

rapide	bone
malrapide	haste

Kiel vi kuras?	Mi
	Mi
	Mi
	Mi

★ Ekzerco 4

예시를 읽고 주어진 표현으로 빈칸을 채워 문장을 완성하시오.

ekzemplo

Ŝi estas dekstre de la blanka tablo.

[A] estas [B] de [C] .

dekstre	maldekstre
norde	sude
oriente	okcidente

<table>
<tr><td>[A]</td><td rowspan="7">estas</td><td>[B]</td><td rowspan="7">de</td><td>[C]</td></tr>
<tr><td rowspan="4">Koreio</td><td></td><td>Ĉinio</td></tr>
<tr><td></td><td>Japanio</td></tr>
<tr><td></td><td>Filipinoj</td></tr>
<tr><td></td><td>Rusio</td></tr>
<tr><td>Ŝi</td><td></td><td>la blanka tablo</td></tr>
<tr><td>La blanka tablo</td><td></td><td>ŝi</td></tr>
</table>

Ĉapitro 3
Ĉu vi lernas Esperanton?

Studfako 전공　Hobio 취미

★ Konversacio 1

Minsu　Saluton. Ĉu vi lernas Esperanton?

Haru　Oho, jes, mi lernas Esperanton. Kiel vi scias tion?

Minsu　Vi havas la lernolibron de Esperanto.

Haru　Aha, tiel. Saluton, mi ĝojas renkonti vin.

lerni 배우다, 학습하다 (↔instrui 가르치다) / scias (지식, 정보로서) 안다, 알고 있다 / de … …의, 소유의, 와 관련된 / tiel 그렇게, 그런 방식으로 / mi ĝojas renkonti vin 만나서 반갑습니다 / ĝoji 즐겁다 / renkonti 만나다, 마주치다

★ Konversacio 2

Haru Mi nomiĝas Haru. Kiel vi nomiĝas?

Minsu Mi estas Minsu. Ĉu vi estas koreo?

Haru Ne, mi estas japano. Mi lernas la vjetnaman ĉi tie.

Minsu Oho, ĉu? Interese.

Haru Ĉu vi povas paroli la japanan?

Minsu Ne, mi ne povas.

[A] nomiĝas [B] A는 B로 불린다; A는 이름이 B이다 / koreo 한국인 / japano 일본인 / la vjetnama (lingvo) 베트남어 / ĉi tie 이곳에서 (↔ tie 그곳/저곳에서) / povas 할 수 있다 / paroli 말하다, 구사하다 / la japanan 일본어를

★ Konversacio 3

Gabriel Saluton. Mi estas Gabriel, amiko de Minsu.

Haru Vi estas Gabriel! Saluton.

Gabriel Kion vi faras?

Haru Mi atendas amikon de bicikla klubo.

Gabriel Ho, via hobio estas biciklado.

Haru Jes. Kio estas via?

Gabriel Mia hobio estas spekti filmojn.

kion vi 당신은 무엇을 / faras 하고 있습니다 / atendas 기다린다 / bicikla klubo 자전거 동아리(동호회) / hobio 취미 / biciklado 자전거 타기 / spekti 보다, 관람하다 / filmo 영화

★ Ekzerco 1

예시를 읽고 주어진 표현으로 빈칸을 채워 문장을 완성하시오.

ekzemplo

Kiel vi nomiĝas? → Mi nomiĝas Minsu.

Kiel [A] ? → [A′] [B] .

[A]	[B]		Kompleta Frazo
vi nomiĝas	Gabriel	→	
vi fartas	bone		
patro laboras	diligente		
ni vivas	feliĉaj		
li kuras	rapide		

★ Ekzerco 2

예시를 읽고 주어진 표현으로 빈칸을 채워 문장을 완성하시오.

ekzemplo

Mi ĝojas. Renkontas vin. → Mi ĝojas renkonti vin.

[A] [B] .

[A]	[B]		Kompleta Frazo
Mi volas	Iras al lernejo	→	
Vi povas	Laboras en fabriko		
Ŝi devas	Legas romanon		
Ili komencas	Dormas		

★ Ekzerco 3

예시를 읽고 주어진 표현으로 빈칸을 채워 문장을 완성하시오.

ekzemplo

Mi lernas la vjetnaman (lingvon) ĉi tie.

vjetnamo (homo)

Vjetnamio (lando)

Mi [A] [B] (lingvon).

[A]	[B]		Kompleta Frazo
lernas	korea		Mi lernas la korean (lingvon)
parolas	angla	→	
konas	araba		
instruas	Esperanto		

★ Esprimo kaj Vorto

Koreio koreo la korea	Ĉinio ĉino la ĉina
Pollando polo la pola	Usono usonano la usona (X), la angla (O)
Saud-Arabio saud-arabiano la saud-araba (X), la araba (O)	Filipinoj filipinano la filipina (X), la tagaloga (O), …

★ 국가와 국민, 언어를 가리키는 단어 사이의 연관성은 국가와 문화마다 차이가 있다.

Ĉapitro 4
Ni tagmanĝu kune!

Propono 제안　Ordono 명령　La Tagoj de la Semajno 요일

Konversacio 1

Haru	Bonan tagon, Minsu! Kien vi iras?
Minsu	Mi nun iras al studenta restoracio.
Haru	Ĉu vi manĝos sola? Ni tagmanĝu kune!
Minsu	Bone.

kien 어디로, 어디를 향해서 / iri 가다 / nun 지금, 현재 / al … …로, 쪽으로, 에게 / studenta restoracio 학생 식당 / manĝi 먹다 / sola 혼자서 / tagmanĝi 점심 식사를 하다 / kune 함께, 같이

★ Konversacio 2

Minsu Kion vi volas manĝi?

Haru Nu, mi volas manĝi nudelojn. Kaj vi?

Minsu Mi volas manĝi sandviĉon.

Haru Hodiaŭ estas sabato. Studenta restoracio ne vendas ĝin en semajnfino.

Minsu Aha, komprenite.

Haru Kion pri buterpano?

Minsu Ne, ni manĝu nudelojn.

kion 무엇을 / volas -i -하기를 원한다 / nu 글쎄, 음, 뭐 / nudeloj 국수 / hodiaŭ 오늘 / sabato 토요일 / vendi 팔다, 판매하다 / semajnfino 주말 / aha 아하, 그렇군요 / komprenite 알겠습니다 / kion pri … …은 어떻습니까?

★ Konversacio 3

Haru Ĉu vi havos tempon en vendredo vespere?

Minsu Ne, mi havos laboron. Kial?

Haru Annie el Filipinoj venos tiam.

Minsu Nu, mi klopodu renkonti.

havi tempon 시간을 가지다, 시간이 있다 / vendredo 금요일 / vespere 저녁에 (=en vespero) / laboro 일, 업무 / kial 왜, 무슨 이유로, 어째서 / Filipinoj 필리핀 / tiam 그때 / klopodi 애쓰다, 노력하다

★ Ekzerco 1

예시를 읽고 주어진 표현으로 빈칸을 채워 문장을 완성하시오.

ekzemplo

Kien vi iras?

— Mi iras al studenta restoracio.

Kien vi [A] ?

— Mi [A] [B] .

[A]	[B]		Kompleta Frazo
iri	al lernejo	→	
ekiri	al instituto		
viziti	la oficejon		
eniri	en universitaton		

★ Ekzerco 2

예시를 읽고 주어진 표현으로 빈칸을 채워 읽으시오.

ekzemplo

Ni tagmanĝu kune.

a. Ni [A] .

danci	iri
manĝi pomon	preni taksion

b. (Vi) [A] .

lerni Esperanton	veni
ridi	dormi ĝin

c. Mi [A] .

viziti lin	partopreni
dormi	aĉeti libron

d. Li / Ŝi / Ili [A] .

esti sana	diri veron
labori en kompanio	kuri

★ Ekzerco 3

예시를 읽고 주어진 표현으로 빈칸을 채워 문장을 완성하시오.

ekzemplo

Kion vi volas manĝi?

— Mi volas manĝi nudelojn.

Kion vi volas [A] ?

— Mi volas [A] [B] .

[A]	[B]		Kompleta Frazo
vendas	libro		
legas	romano	→	
trinkas	kafo		
fermas	fenestro		

★ Esprimo kaj Vorto

Lundo	Mardo	Merkredo
Ĵaŭdo	Vendredo	Sabato
Dimanĉo	Semajnfino	Semajntago

Ĉapitro 5
Mi partoprenos en Universala Kongreso.

Evento 행사　Titolo 경칭　Numeralo 수사

★ Konversacio 1

Gabriel　Haru! Bonan matenon.

Haru　Saluton, Gabriel! Mi volis telefoni al vi.

Gabriel　Kial vi ne telefonis al mi?

Haru　Mi ne scias vian telefonnumeron.

Gabriel　Komprenite. Mia telefonnumero estas 013-1859-1917.

Haru　Nul unu tri, unu ok kvin naŭ, unu naŭ unu sep?

Gabriel　Jes. Ĝis poste!

Haru　Ĝis!

telefoni al … …에게 전화하다 / telefonnumero 전화번호 / numero 번호 / ĝis poste 나중에 봅시다

★ Konversacio 2

Minsu Kion vi legas nun?

Haru Mi legas la mapon de Pollando. Mi iros al Bjalistoko.

Minsu Ho, ĉu vi planas vojaĝi dum la somera libertempo?

Haru Jes. Mi planas vojaĝi Bjalistokon en Pollando kaj Roterdamon en Nederlando.

Minsu Ho, kial?

Haru Mi partoprenos en Universala Kongreso! Ĝi okazos en Bjalistoko.

Minsu Komprenite. Ĉu Roterdamo rilatas al la UK?

Haru Ne, en la urbo okazos alia kongreso.

legi 읽다 / mapo 지도 / Pollando 폴란드 / Bjalistoko 비알리스토크, 비아위스토크 / planas -i -하기를 계획한다 / vojaĝi 여행하다 / dum … … 동안에, 기간에 / somera libertempo 여름 방학 / Roterdamo 로테르담 / Nederlando 네덜란드 / partopreni en … …에 참가하다 / Universala Kongreso (de Esperanto) 세계 에스페란토 대회 (= UK) / okazi 일어나다, 발생하다 / rilati al … …에 관련되다, 와 관련이 있다 / urbo 도시 / alia 다른, 별개의 / kongreso 대회, 국제회의

★ Konversacio 3

Minsu	Saluton! Vi eble estas sinjorino Annie, ĉu ne?
Annie	Jes! Nomu min Annie. Ne uzu titolon, amiko.
Minsu	Komprenite. Mi estas Minsu. Ĉu vi estas membro de TEJO?
Annie	Jes, prave. Mi aŭdis, ke vi interesiĝas la IJK.
Minsu	Mi volas partopreni en la kongreso.
Annie	Se vi bezonas helpon, bonvolu ne heziti demandi.

sinjorino … (여성 존칭) …씨, 선생님 / nomu min … 나를 …로 불러(주세요) / uzi 쓰다, 사용하다 / titolo 경칭(씨, 님, 선생, 교수 등) / membro 부원, 일부분 / TEJO(Tutmonda Esperantista Junulara Organizo) 세계에스페란토청년회 / prave 옳습니다, 그렇습니다 / aŭdis, ke … …라고 들었습니다 / interesiĝi pri … …에 흥미가 있다 / IJK(Internacia Junulara Kongreso) 세계 에스페란토 청년대회 / bezoni 필요로 하다 / helpo 도움, 조력 / bonvolu -i -하기를 부탁합니다 / hezit 주저하다, 머뭇거리다 / demandi 묻다, 질문하다

★ Ekzerco 1

예시를 읽고 주어진 표현으로 빈칸을 채워 읽으시오.

ekzemplo

Mia telefonnumero estas 013-1859-1917.

(nul unu tri - unu ok kvin naŭ - unu naŭ unu sep)

Mia [A] estas [B] .

[A]	[B]
banka konto	1-234-567-89
studenta numero	26071887
pasvorto	BĈM07-12-08-1905
pasporta numero	EO19942017

★ Ekzerco 2

예시를 읽고 주어진 표현으로 빈칸을 채워 문장을 완성하시오.

ekzemplo

Mi aŭdis, ke vi interesiĝas la IJK.

Mi [A] , ke [B] .

[A]	[B]		Kompleta Frazo
aŭdis	ili iros al Seulo		
pensas	li amas vin	→	
kredas	vi okupiĝas pri hejmtasko		
opinias	oni devas legi la artikolon		
esperas	pluvos morgaŭ		

★ Ekzerco 3

예시를 읽고 주어진 표현을 적절히 활용하여 빈칸을 채우시오.

ekzemplo

Bonvolu (ne) heziti demandi.

= Bonvole (ne) heziti demandi.

≒ Ĉu vi bonvolus (ne) heziti demandi?

※ 공손성: [ĉu vi bonvolus -i] > [bonvolu -i] = [bonvole -u] > [-u]

a.

veni	→	venu	bonvole venu
vekiĝi			
lerni Esperanton			
malfermi pordon			
ami min			

b.

veni	→	bonvolu veni	ĉu vi bonvolus veni?
kanti			
danci kun mi			
trinki bieron			
lavi manojn			

★ Esprimo kaj Vorto

Sinjoro S-ro	Sinjorino S-ino
Doktoro D-ro	Doktorino D-ino
Profesoro Prof.	Prezidanto Prez.

Ĉapitro 6
Kiam komenciĝos la matĉo?

Tempo 시각　Sezono 계절　Dato 날짜

Konversacio 1

Gabriel　He, Annie! Longan tempon!

Annie　Longan tempon, Gabriel. Kiel vi fartas?

Gabriel　Senprobleme. Mi, vi, Haru, kaj Minsu ĉiuj partoprenos en la IJK.

Annie　Ĉu Minsu ne aliĝos al la UK?

Gabriel　Ne, li volas vojaĝi en Aŭstrio tiam.

Annie　Kiam la UK komenciĝos?

Gabriel　La dudek kvinan de julio, ĉu ne?

he 저기요, 어이 / longan tempon 오랜만입니다! / senprobleme 문제없이, 무탈합니다 / ĉiuj 모두, 전부, 다들 / aliĝi al 가입하다, 등록하다 / Aŭstrio 오스트리아 / kiam 언제, 어느 때에 / komenciĝi 시작되다 / la dudek kvina (tago) 25일 / julio 7월 / ĉu ne 아닙니까? 그렇지요?

★ Konversacio 2

Gabriel Haru kune veturos, ĉu ne? Ĝis kiam vi akompanos ŝin?

Annie Ĝis antaŭ la Solena Inaŭguro. Alia homo helpos ŝin.

Gabriel Kiu?

Annie Han el Ĉinio. Li nun studas en Roterdamo. Ĉu vi povas akompani ŝin?

Gabriel Bedaŭrinde ne. Mi vizitos aliajn lokojn.

veturi (이동 수단을 타고) 이동하다 / ĝis … …까지 / akompani 동반하다, 함께하다 / antaŭ … … 앞에, 전에 / la Solena Inaŭguro (성대한) 개막식 / homo 사람 / Ĉinio 중국 / studi 연구하다, 대학생 신분으로 있다 / bedaŭrinde 유감스럽지만 / viziti 방문하다 / loko 장소

★ Konversacio 3

Annie Parenteze, ĉu ankaŭ vi partoprenos en ekskursoj?

Gabriel Ne, mi restos ĉirkaŭ la kongresejo.

Annie Komprenite. Tamen vi apartenas al futbala teamo, ĉu ne?

Gabriel Jes. Ĉu vi spektos la matĉon?

Annie Kiam komenciĝos la matĉo?

Gabriel La dudek sepan, je la tria en la tria tago.

parenteze 그런데, 잠깐 / ekskurso 소풍, (짧은 단체) 여행 / resti 머물다 / ĉirkaŭ… …의 근처에, 근방에서 / kongresejo 대회장, 회의장 / tamen 그럼에도, 그렇기는 해도 / aparteni al … …에 속하다 / futbala teamo 축구팀 / matĉo 경기 / la dudek sepan 27일에 / je la tria (horo) 3시에 / en la tria (tago) 3일 차에, 3번째 날에; 3일에

★ Ekzerco 1

예시를 읽고 주어진 표현으로 빈칸을 채워 문장을 완성하시오.

ekzemplo

Kiam la UK komenciĝos?

— La dudek kvinan (tago) de julio

Kiam [A] komenciĝos?

(Ĝi komenciĝos) [B] .

[A]	[B]		Kompleta Frazo
la semestro	marto		La semestro komenciĝos en marto
la kurso	lundo	→	
la matĉo	la deka (horo)		
la ekzameno	la kvara (tago)		
la metroo	la kvina kaj dudek minutoj		

★ Ekzerco 2

예시를 읽고 주어진 표현으로 빈칸을 채워 문장을 완성하시오.

ekzemplo

Ĝis kiam vi akompanos ŝin?

— Ĝis antaŭ la Solena Inaŭguro.

Ĝis kiam [A] daŭros?

[A] daŭros ĝis [B] .

[A]	[B]		Kompleta Frazo
la semestro	junio	→	La semestro daŭros ĝis Junio
la kurso	vendredo		
la matĉo	antaŭ la dek tria (horo)		
la ekzameno	la sesa (tago)		
la metroo	la dudeka kaj kvindek minutoj		

✪ Ekzerco 3

예시와 표를 보고 문장을 완성하시오.

ekzemplo

La dudek sepan, je la tria en la tria tago.

Julio				
25	26	27	28	29
Kantado	Kunsido	Matĉo	Legado	Elparolado
11 atm.	9 atm.	3 ptm.	2 ptm.	8 ptm.

*atm.: antaŭtagmeze
**ptm.: posttagmeze

La kantado okazos la dudek kvinan je la dek unua antaŭtagmeze en la unua tago.

La kunsido okazos ______________________.

La matĉo okazos ______________________.

La legado okazos ______________________.

La elparolado okazos ______________________.

✪ Esprimo kaj Vorto

Printempo	Somero	Aŭtuno	Vintro
Januaro	Februaro	Marto	Aprilo
Majo	Junio	Julio	Aŭgusto
Septembro	Oktobro	Novembro	Decembro

Ĉapitro 7
Ĉar mi volas sperti longan fervojon.

Monunuo 화폐 단위　Aĉeto kaj Vendo 구매, 판매
Mendo kaj Liverado 예약 / 주문 및 배송

★ Konversacio 1

Minsu　Saluton, Haru. Ĉu vi jam aĉetis bileton por aviadilo?

Haru　Mi ne veturos per aviadilo, sed per transsiberia trajno.

Minsu　Ĉu vere? Kial vi ne veturos per aviadilo?

Haru　Ĉar mi volas sperti longan fervojon.

Minsu　Mojose! Ĉu ankaŭ Annie?

Haru　Ne, ŝi veturos sola. Mi vojaĝos kun mia frato ĝis Moskvo.

jam 이미, 벌써 / aĉeti 사다, 구매하다 / bileto 표, 티켓 / por … …를 위한 / aviadilo 비행기, 항공기(≒aeroplano) / per … …을 통하여, 도구로 하여 / sed 그러나, 하지만 / transsiberia 시베리아 횡단 / trajno 열차, 기차 / ĉu vere 정말로요? / ĉar 왜냐하면, -기 때문에 / sperti 경험하다, 겪다 / longa 길이가 긴 / fervojo 철도, 철로 / mojose 멋지다! / kun … …와 함께, 와 같이 / frato (손위 / 아래) 남자 형제 / Moskvo 모스크바

★ Konversacio 2

Gabriel Kie vi kutime butikumas?

Minsu Nu, mi preferas butikumi per interreto.

Gabriel Kiom da ŭonoj oni bezonas elspezi por liverado?

Minsu Se oni aĉetas ion kontraŭ kvindek mil ŭonoj aŭ pli, la vendisto liveras senpage.

Gabriel Bone, dankon pro la klarigo.

kie 어디에서 / kutime 보통, 습관적으로 / butikumi 장을 보다, 쇼핑하다 / preferi 선호하다, 더 좋아하다 / interreto 인터넷 / kiom da 얼마만큼의, 어느 정도의 / ŭono (한국의 화폐) 원 / oni 일반 사람들 / elspezi 소비하다, 지출하다 / liverado 배달, 배송 / se 만약, 만일 / io 무언가 / kontraŭ … ŭonoj …원을 주고 / aŭ pli 또는 그 이상 / vendisto 판매인 / liveri 배달하다, 배송하다 / senpage 지불 없이, 무료로 / dankon pro … …에 감사합니다 / klarigo 설명, 해명

★ Konversacio 3

Haru Bonŝance mi mendas ĉambron kontraŭ kvinmil rubloj en Moskvo.

Annie Bone. Kie vi manĝos?

Haru Mi ne scias. Eble mi vizitos rapidmanĝejojn.

Annie Ne, vizitu lokajn manĝejojn!

bonŝance 운 좋게도 / mendi 주문하다, 예약하다 / ĉambro 방 / rapidmanĝejo 패스트푸드점 / loka manĝejo 현지 식당

★ Ekzerco 1

예시를 읽고 서로 인과 관계가 있는 문장을 짝지으시오.

> **ekzemplo**
>
> Kial vi ne veturos per aviadilo?
>
> — Ĉar mi volas sperti longan fervojon.

Kial vi iris al lernejo?	①	ⓐ	Ĉar ŝi ŝatas lerni lingvojn.
Kial vi manĝas panon?	②	ⓑ	Ĉar ĝi ne vendas nudelojn.
Kial vi trinkas kafon?	③	ⓒ	Ĉar mi lernas Esperanton tie.
Kial ŝi interesiĝas pri Esperanto?	④	ⓓ	Ĉar mi dormis malmulte.

★ Ekzerco 2

예시를 읽고 주어진 표현으로 빈칸을 채워 문장을 완성하시오.

> **ekzemplo**
>
> Kiom da ŭonoj oni bezonas elspezi por liverado?

Kiom da __[A]__ vi bezonas?

— Mi bezonas __[B]__ da __[A]__ .

[A]	[B]		Kompleta Frazo
kafo	taso	→	Mi bezonas tason da kafo
biero	du glasoj		
akvomelono	duono		
ĉerizo	kilogramo		

★ Ekzerco 3

예시를 읽고 주어진 표현으로 빈칸을 채워 문장을 완성하시오.

ekzemplo

Bonŝance mi mendas ĉambron kontraŭ kvinmil rubloj en Moskvo.

Mi [A] [B] kontraŭ [C] .

[A]	[B]	[C]		Kompleta Frazo
aĉetas	pomo	1,000 ŭonoj		Mi aĉetas pomon kontraŭ mil ŭonoj
mendas	ĉambro	120 eŭroj	→	
luas	loĝejo	1,500 juanoj		
donas	manĝaĵo	45 dolaroj		

★ Esprimo kaj Vorto

Kiom da jaroj vi havas? Kian aĝon vi havas?	Mi havas 21 jarojn
Kiom vi aĝas?	Mi aĝas 21 jarojn
Kiom jara vi estas? Kiom jaraĝa vi estas?	Mi estas 21-jara Mi estas 21-jaraĝa

Ĉapitro 8
Ŝajnas, ke la trajno venas iom malfrue.

Transporto 교통　　Pago 지불

Konversacio 1

Annie　En kiu tago via aviadilo ekflugos?

Gabriel　Ĝi ekflugos la 15-an. Nu, mi devas viziti la giĉeton je la 6-a.

Annie　Ĉu vi povos preni metroon aŭ trajnon tiam?

Gabriel　Probable ne. Ŝajnas, ke la trajno venas iom malfrue.

en kiu tago 며칠에 / ekflugi 이륙하다 / devi 해야 하다 / giĉeto 접수대, 계산대, 카운터 / preni 잡다, 취하다 / metroo 도시철도, 전철 / trajno 기차, 열차 / probable 아마, 높은 확률로 / ŝajni, ke 듯하다, 것처럼 보이다 / iom 약간, 어느 정도 / malfrue 늦게

★ Konversacio 2

Gabriel Minsu, ĉu la transporta apo estas kredebla pri busoj?

Minsu Nu, mi rekomendas al vi preni metroon vespere.

Gabriel Kion pri metroo? Ĉu ĝi alvenas akurate?

Minsu Ĝi preskaŭ ĉiam ekiras kaj alvenas akurate.

transporta apo 대중교통 앱 / kredebla 믿을 만한, 믿음직한 / buso 버스 / rekomendi 추천하다, 권하다 / alveni 도착하다 / akurate 정확하게, 시간을 지켜 / preskaŭ 거의, 대체로 / ĉiam 항상 / ekiri 출발하다

★ Konversacio 3

Haru Ĉu vi estas jam preta?

Minsu Mi estas preta iri krom unu paŝo.

Gabriel Kio estas ĝi?

Minsu Monŝanĝo. Kiom da kontantaĵo mi kunportu?

Gabriel Ne kunportu multe. Laŭokaze, vi povas uzi kreditkarton.

Haru Mi konsentas.

preta 준비된, 준비 완료된 / krom … …을 제외하고, 만 빼고 / paŝo 걸음, 단계 / monŝanĝo 환전 / kunporti 가지고 가다 / kontantaĵo 현금 / laŭokaze 경우에 따라서 / kreditkarto 신용카드 / konsenti 동의하다

★ Ekzerco 1

예시를 읽고 비행기 표에 맞춰 빈칸을 채우시오.

ekzemplo

En kiu tago via aviadilo ekflugos?
— Ĝi ekflugos la 15-an. (de Julio)
En kiu tago via aviadilo surteriĝos?
— Ĝi surteriĝos la 2-an. (de Aŭgusto)

de Gimhae al Parizo	
21 Majo 2020	23 Majo 2020
Gimhae Internacia Flughaveno	Flughaveno Paris-Charles de Gaulle
15:30	9:10

La aviadilo ekflugos la ____ an de ____ je ______.
La aviadilo surteriĝos la ____ an de ____ je ______.

★ Ekzerco 2

예시를 읽고 주어진 문장으로 빈칸을 채우시오.

ekzemplo

La trajno venas iom malfrue.
Ŝajnas, ke la trajno venas iom malfrue.

Ŝajnas, ke	morgaŭ estos varme	→	
	trafiko estas ŝtopita		
	la buso estas komforta		
	la kato estas ŝia		

✪ Ekzerco 3

예시를 읽고 주어진 표현으로 문장을 완성하시오.

> **ekzemplo**
>
> Mi rekomendas al vi preni metroon.
>
> Mi rekomendas al vi metroon.

Mi rekomendas al [A] [B] .

[A]	[B]		Kompleta Frazo
vi	promenos	→	
li	vizitos ŝin		
ŝi	la libro		
ili	trinkos teon		

✪ Esprimo kaj Vorto

Interreto	Retletero (Retpoŝto)	Retadreso
Retpaĝo	Salutvorto (Konto)	Pasvorto
Ensaluti	Elsaluti	Alŝuti
Elŝuti	Aliĝi al	Dosiero

Ĉapitro 9
Ĉu la muzeo estas jam fermita?

Vizito 방문하기 Renkonto kaj Rendevuo 만남과 약속

⊛ Konversacio 1

(en Esperantomuzeo en Vieno)

Minsu Saluton! Ĉu iu estas ĉi tie?

Tobias Bonvenon, bonvenon. Mi estas Tobias, la pordisto de la muzeo. Ĉu vi bezonas helpon?

Minsu Jes. Ĉu la muzeo estas jam fermita?

Tobias Bedaŭrinde jes. Ĝi estas fermita je la 18-a.

Minsu Ĉu? Mi miskomprenis, ke ĝi estas fermota je la 21-a.

Tobias Nur en ĵaŭdo. Hodiaŭ estas lundo, ĉu ne? Sinjoro, bonvolu viziti morgaŭ ree.

Esperantomuzeo en Vieno 오스트리아 빈 에스페란토 박물관 / iu 누군가 / bonvenon 환영합니다! / pordisto 경비, 관리인 / muzeo 박물관 / fermita 이미 닫힌 / miskomprenis, ke 라고 잘못 알고 있었다 / fermota 닫힐 예정인 / hodiaŭ 오늘 / morgaŭ 내일

★ Konversacio 2

(en Moskvo)

Dmitri Saluton, ĉu vi eble estas Esperantisto?

Haru Oho, jes! Mi estas Haru el Japanio. Kaj vi?

Dmitri Mi estas Dmitri el Moskvo, Rusio. Mi vidis verdan stelon sur via sako.

Haru Mia amiko Gabriel rekomendis, ke mi kroĉu ĝin al la sako.

Dmitri Eble Gabriel el Francio?

Haru Jes! Ĉu vi konas lin?

Dmitri Jes, li estas mia amiko, ankaŭ.

Haru Ho, tre mirinde!

vidi 보다, 맞닥뜨리다 / verda stelo 초록색 별, 녹성 / sur … … 위에서, 위에 붙어 있는 / sako 가방, 배낭 / kroĉi 박다, 붙이다, 연결하다 / koni (경험으로서, 친분으로서) 알다 / tre 아주, 매우 / mirinde 놀랄 만한, 놀라운

★ Konversacio 3

Gabriel Mi aŭdis, ke Han iom malfrue vizitos la kongresejon. Ĉu vi ion scias pri tio?

Annie Ne, kial li malfrue vizitos?

Gabriel Laŭ lia mesaĝo, lia profesoro haste aranĝis rendevuon kun li.

Annie Komprenite. Ni devus kompreni lian situacion.

Gabriel Konsentite. Sed, do, kiu akompanos Haru?

laŭ … …에 따르면 / mesaĝo 메시지 / profesoro 교수 / haste 급하게 / aranĝi 마련하다, 정리하다 / rendevuon 만남 약속 / devus 하면 좋겠다, (약한 정도로) 해야 한다 / kompreni 이해하다 / situacio 상황 / konsentite 동의합니다, 동감입니다 / do 그러면

㊀ Ekzerco 1

가게의 알림을 보고 적절한 표현에 동그라미를 치시오.

Kafejo ESPERANTO	
Malfermo	je la oka kaj duono antaŭtagmeze
Fermo	je la naŭa posttagmeze (lasta mendo je kvarono antaŭ la naŭa horo)

Kiam mi vizitas Kafejon ESPERANTO

- je la oka matene, ĝi estas fermita.
- je kvarono antaŭ la naŭa, ĝi estas fermota.
- je la deka posttagmeze, ĝi estas (fermita / fermota).
- je la sepa kaj tri kvaronoj atm, ĝi estas (malfermita / malfermota).

★ 느낌을 강조하기 위해서 *ankoraŭ, baldaŭ, jam* 등의 부사를 더하기도 한다.

㊀ Ekzerco 2

예시를 읽고 주어진 표현으로 빈칸을 채워 문장을 완성하시오.

ekzemplo

Li rekomendis, ke mi kroĉu ĝin al la sako.

Mi rekomendas, ke [A] [B] .

[A]	[B]		Kompleta Frazo
vi	viziti la profesoron		
ni	preni taksion	→	
ŝi	pagi per kreditkarto		
li	lerni Esperanton		

★ Ekzerco 3

예문을 읽고 문제 속 Tio 또는 Ĝi가 가리키는 것이 무엇인지 답하시오.

ekzemplo

Mi partoprenos en la kongreso.

— Tio estas mirinda! (tio = ke mi partoprenos en la kongreso)

— Ĝi estos amuza! (ĝi = la kongreso)

a. Li aĉetis novan komputilon, ABC-2020.
Ĉu vere? Tio estas bona!

b. Kiam mi vizitis Seulon, mi renkontiĝis kun Hayeong.
Ĉu vere? Mi ne sciis tion!

c. Li aĉetis novan komputilon, ABC-2020.
Ĉu vere? Ĝi estas bona!

ĉ. Kiam mi vizitis Seulon, mi renkontiĝis kun Hayeong.
Ĉu vere? Mi volas viziti ĝin!

★ Esprimo kaj Vorto

Kongreso	Seminario
Festivalo	Ceremonio
Kunsido	Rondo
Kunveno	Renkontiĝo
Rendevuo	Renkonto

Ĉapitro 10
Kie estas la elirejo?

Ekiro kaj Alveno 출발과 도착　　Loko 장소

Konversacio 1

(en Varsovia flughaveno)

Annie　Saluton, Haru! Jen, maldekstre!

Haru　Oho, Annie! Longan tempon!

Annie　Bone. Laŭ la itinero, ni tagmanĝos en la centro de Varsovio.

Haru　Jes. Ni prenu la buson, numero 175. Kie estas la elirejo?

Annie　Eble tie? Nun estas ĉirkaŭ la tria posttagmeze. La buso ekiros post dek minutoj.

Haru　Kiom da tempo ĝi bezonas ĝis alveno?

Annie　La buso bezonas ĉirkaŭ tridek minutojn.

itinero 여행 일정표 / centro 중심(부) / Varsovio 바르샤바 / buso 버스 / elirejo 출구 (↔ enirejo 입구)

★ Konversacio 2

Annie Mi ricevis retmesaĝon de Minsu. Li jam alvenis en Germanio. Ŝajnas, ke li rekte iros al Roterdamo.

Haru Vi pravas. Kie estas Gabriel nun?

Annie Li hieraŭ alvenis en Bjalistoko kaj nun gastas en ies domo.

Haru Ho, kiel li konatiĝis kun la gastiganto? Ĉu per Pasporta Servo?

Annie Ne, ili eble konatiĝis en iu pasinta UK.

ricevi 받다 / retmesaĝo 전자 메시지 / Germanio 독일 / retke 바로, 직진으로 / hieraŭ 어제 / gasti 손님으로서 묵다 / ies 누군가의 / domo (건물로서의) 집 / konatiĝi 지인이 되다, 친분을 갖게 되다 / gastiganto 손님맞이(gastigi)를 하는 사람 / Pasporta Servo 여권 봉사, 에스페란티스토 숙박 제공 서비스 / iu 어느, 어떤 / pasinta 지나간, 과거의

★ Konversacio 3

Haru Estas multaj Esperantistoj ĉi tie!

Annie Sendube, Haru. Ni nun estas en la kongresejo de Universala Kongreso!

Haru Do, kion ni faru unue?

Annie Ni devas viziti akceptejon kaj ricevi kongresan sakon.

Haru Ni hastu, ĉar baldaŭ komenciĝos la Solena Inaŭguro.

kion ni faru 우리 뭘 할까? / unue 먼저, 최우선적으로 / akceptejo (특히 대회 등의) 접수처 / kongresa sako (이름표, 대회 안내서, 지도 등이 있는) 대회 가방 / baldaŭ 곧, 머지않아, 조만간

★ Ekzerco 1

예시를 읽고 주어진 표현으로 빈칸을 채워 문장을 완성하시오.

> **ekzemplo**
>
> Buso ekiras je la kvina posttagmeze.
>
> — Kiom da tempo ĝi bezonas ĝis alveno?
>
> Ĝi bezonas du horojn kaj dudek minutojn.
>
> — Do, ĝi alvenas je la sepa kaj dudek minutoj.

[A] ekiras je la kvina kaj kvardek minutoj posttagmeze.

— Kiom da tempo ĝi bezonas ĝis alveno?

Ĝi bezonas [B] .

— [C] .

[A]	[B]		[C]
Buso	du horoj		Do, ĝi alvenas je la sepa kaj kvardek minutoj
Lia aŭto	kvindek minutoj	→	
Taksio	unu horo kaj kvarono		
Metroo	duono da horo		

★ Ekzerco 2

예시를 읽고 주어진 표현으로 빈칸을 채워 문장을 완성하시오.

ekzemplo

Kie estas la elirejo?

a. Kie __[A]__ __[B]__ ?

[A]	[B]		Kompreta Frazo
estas	la enirejo	→	Kie estas la enirejo?
estas	mia libro		
loĝas	ili		
sidas	la infano		

b.

en, sur, sub

Mia libro ________ ________ tablo.

La infano ________ ________ seĝo.

Ili ________ ________ Londono.

★ Ekzerco 3

예시를 읽고 주어진 표현으로 빈칸을 채워 문장을 완성하시오.

ekzemplo

Ni hastu, ĉar baldaŭ komenciĝos la Solena Inaŭguro.

[A] [B] , ĉar [C] .

[A]	[B]	[C]		Kompleta Frazo
Mi	kuri	tempo ne sufiĉas	→	Mi kuru, ĉar tempo ne sufiĉas
Ni	preni metroon	ĝi estas akurata		
Vi	hasti	la kurso baldaŭ komenciĝos		
Li	ludi pianon	nur li povas el ni		
Ŝi	dormi	ŝi estas laca		

★ Esprimo kaj Vorto

Etaĝo	Ŝtuparo	Lifto
Koridoro Pasejo	Enirejo	Vivoĉambro Salono
Tualetejo	Banĉambro Duŝejo	Necesejo
Dormoĉambro	Manĝoĉambro	Kuirejo

Ĉapitro 11
Mia kongresa numero estas sescent okdek ok.

Programeroj de Universala Kongreso 세계대회의 프로그램
Ke-frazo (kiel subjekto) (주어로서의) Ke 절
Ke-frazo (kiel apozicio) (동격으로서의) Ke 절

Konversacio 1

(post la Solena Inaŭguro)

Han Saluton! Ĉu vi eble estas Haru el Japanio? Mi estas Han el Ĉinio.

Haru Oho, Han! Jes, mi estas Haru. Ĉu vi ne estus okupita pri rendevuo kun via profesoro?

Han Bonŝance, mi ne havas taskojn ĉi-vespere, do mi momente vizitas movadan foiron.

okupita 바쁜, 전념하는, 매진하는 / tasko 업무, 과제 / ĉi-vespere 이번 저녁에 / momente 잠시, 잠깐 / movada foiro 에스페란토 단체의 활동을 소개 및 홍보하는 행사

★ Konversacio 2

(en trajno al Roterdamo)

Minsu Saluton, miaj geamikoj! Estas mojose, ke mi renkontiĝas kun vi ĉiuj en Eŭropo.

Haru Ha ha, ankaŭ mi. Kiam Gabriel venos?

Annie Mi ne scias, kie li estas nun.

Han Hieraŭ li sendis mesaĝon, ke li venos vizitinte sian hejmon.

Annie Ne zorgu! Probable li jam alvenis ie en Nederlando.

Minsu Mi esperas, ke ĉio iras senprobleme laŭ plano.

geamikoj (남녀 통칭) 친구들! / renkontiĝi kun … …와 만나다 / Eŭropo 유럽 / sendi 보내다, 발송하다, 전송하다 / …, ke –라는, –인 / vizitinte 방문한 뒤에, 방문을 마친 상태로 / hejmo (추상적인 형태의) 집, 가정, 집안 / zorgi 걱정하다, 신경 쓰다 / ie 어딘가 / esperi 희망하다, 바라다 / ĉio 모든 것

★ Konversacio 3

(en akceptejo de la IJK)

Han Jan, longan tempon! Ĉu vi respondecas pri akceptejo?

Jan Longan tempon, Han! Jes, mi estas volontulo. Han, kio estas via kongresa numero?

Han Sescent okdek ok.

Jan Bone, jen via kongresa sako. Kaj vi, sinjorino?

Haru Suzuki Haru el Japanio, numero kvincent kvin.

Jan Bone, jen via sako.

Han Ĉu Gabriel jam alvenis?

Jan Jes, li diris, ke li atendos vin en la ĉambro Julio Baghy.

Han La ĉambro Julio Baghy··· en la dua etaĝo. Bone, dankon!

Jan Ĝis!

respondeci pri ··· ···에 대하여 책임을 지다, 담당하다 / volontulo 자원봉사자 / kongresa numero 대회 번호 / diris, ke –라고 말했다 / atendi 기다리다, 대기하다 / Julio Baghy (인명) 율리오 바기 / etaĝo 층, 층수

★ Ekzerco 1

예시를 읽고 주어진 문장을 변형하여 빈칸을 채우시오.

ekzemplo

Vi estus okupita pri rendevuo kun via profesoro.

Vi estas studento	→	Vi estus studento
Li vizitis ilin		
Ĉu vi iris al Montrealo?		
Mi uzas *scii* anstataŭ *koni*		

★ Ekzerco 2

예시를 읽고 주어진 표현으로 빈칸을 채워 문장을 완성하시오.

ekzemplo

Estas mojose, ke mi renkontiĝas kun vi en Eŭropo.

Estas __[A]__ , ke __[B]__ .

[A]	[B]		Kompleta Frazo
interese	ŝi ŝatas paroli pri politiko	→	
mirinde	li studis tra la tuta nokto		
bedaŭrinde	vi eraras laŭ mia opinio		
surprize	vi ne partoprenas en la UK		

★ male: Ne estas ···, ke ···

Ekzerco 3

예시를 읽고 주어진 표현으로 빈칸을 채워 문장을 완성하시오.

ekzemplo

Hieraŭ li sendis mesaĝon, ke li venos vizitinte sian hejmon.

[A] , ke [B] .

[A]	[B]		Kompleta Frazo
novaĵo	ŝi fariĝis nova prezidanto	→	
anonco	ĉiuj devas reveni ĝis la dudeka		
fakto	historio sin ripetas		
onidiro	li planas elmigri		

★ [A]의 내용이 곧 [B]이다.

Esprimo kaj Vorto

Unua / Dua Bulteno	Aliĝilo	Mendilo
Ekskurso	Akceptejo	Loĝejo
Gastejo	Kongresejo	Gufujo

Ĉapitro 12
Se mi havus pli da tempo, mi restus plu.

Modo Kondiĉa 가정법 Korelativa Priskribo 상관사 수식

⊛ Konversacio 1

(en diskejo)

Minsu Gabriel, kio estas la titolo de la kanto?

Gabriel Pardonon, mi ne aŭdas vin! Proksimiĝu iom pli!

Annie He, amikoj, kial vi dancas malantaŭ la tablo?

Haru Ni iru antaŭen!

Han Ha ha, niaj amikinoj estas tre energiaj.

Minsu Malsame ol nia volontulo.

Gabriel Kio okazas? Ĉu Jan jam endormiĝis?

Haru Veku lin! Skuu lin!

Minsu Tio ne efikos. Li jam estas dormanta. Amikoj, ni ludu!

diskejo 디스코테크, 클럽 / titolo 제목 / kanto 노래 / mi ne aŭdas vin (전화 또는 시끄러운 곳에서) 당신 말이 잘 안 들립니다 / proksimiĝi 가까워지다, 다가오다(가다) / danci 춤추다 / malantaŭ … …뒤에, 후면에 / antaŭen 앞으로 (↔ malantaŭen 뒤로) / energia 에너지가 있는, 활력 넘치는 / malsame ol … …과 달리 (↔ same kiel) / endormiĝi 잠들다 / veki 깨우다 / skui 흔들다 / efiki 효과, 효력이 있다 / dormanta 잠을 자고 있는 / ludi 놀다

★ Konversacio 2

Minsu Bonan matenon, Gabriel. Kion vi skribas?

Gabriel Poŝtkarton. Miaj gepatroj ŝatas poŝtkarton skribitan de mi.

Minsu Precipe kun eksterlanda poŝtmarko, ĉu ne?

Gabriel Prave. Antaŭ ol mi fariĝis aktiva Esperantisto, mi legadis poŝtkartojn, kiujn paĉjo skribis al panjo en Esperanto.

Minsu Ĉu ankaŭ ili estas Esperantistoj?

Gabriel Jes. Ili korespondis per Esperanto, por ke aliaj ne komprenu enhavojn.

Minsu Aha, ili pensis, ke ĝi estas sekreta lingvo!

Gabriel Jes. Verdire, ĝi estas ĉi tiel internacia.

skribi 적다, 쓰다, 기록하다 / poŝtkarto 엽서 / gepatroj 부모 / skribita 이미 쓰인, 작성된 / de mi 나에 의해 / precipe 특히, 무엇보다도 / eksterlando 외국 / poŝtmarko 우표 / Antaŭ ol … …하기 전에 / aktiva 활동적인 / legadi (오랫동안, 계속해서) 읽다, 독서하다 / paĉjo 아빠 / panjo 엄마 / korespondi 서신을 교환하다 / enhavo 내용 / sekreta 비밀의 / verdire 솔직히 말하면 / ĉi tiel 이렇게 / internacia 국제적인

⊛ Konversacio 3

(en Koreio)

Minsu Jam venas nova semestro, Haru. Ĉu vi ne sopiras la pasintan vojaĝon en Eŭropo?

Haru Verŝajne. Mi tre sopiras. Se mi havus pli da tempo, mi restus plu.

Minsu He, ĉu vi ne partoprenos en la Korea Kongreso?

Haru Kiam ĝi okazos?

Minsu En la venonta oktobro. Mi aŭdis, ke Dmitri el Moskvo vizitos.

Haru Ĉu? Mi proponos al mia frato, ke li kune kun mi partoprenu.

Minsu Bone. Estas mirinde, ke ni fariĝas ĉi tiel internaciaj.

Haru Mi scivolas, kiom Esperanto povas fari nian vivon signifoplena.

sopiri … …을 그리워하다 / verŝajne 정말 그런 듯하다 / pli da 더 많은 / resti plu 계속해서 머물다 / Korea Kongreso 한국 (에스페란토) 대회 / venonta 오는, 다가오는; 다음의 / proponi al … …에게 제안하다 / [A] fariĝi [B] A가 B가 되다 / scivoli 궁금하다, 알고 싶다 / vivo 삶 / signifoplena 의미 있는

★ Ekzerco 1

예시를 읽고 주어진 표현으로 빈칸을 채워 문장을 완성하시오.

ekzemplo

1) Mi legadis ion.

2) Paĉjo sendis al panjo poŝtkartojn.

→ Mi legadis poŝtkartojn, kiujn paĉjo skribis al panjo.

1) Mi aĉetos ion.

2) ____[A]____.

3) Mi aĉetos ________________.

[A]		Kompleta Frazo
mia amiko volas kukon		Mi aĉetos kukon, kiun mia amiko volas.
ŝi kreskigis pomojn		Mi aĉetos pomojn, kiujn ŝi kreskigis.
la profesoro verkis la libron	→	
la aeroplano postulas bileton		
Adamo Esperantaĵojn vendas		
mia patro petis la pentraĵon		

★ Ekzerco 2

예시를 읽고 주어진 표현으로 빈칸을 채워 문장을 완성하시오.

ekzemplo

Antaŭ ol mi alvenas en Koreio.

Post kiam mi alvenas en Koreio.

1) Kiam vi finos vian hejmtaskon?

2) [A] [B] , mi finos mian hejmtaskon.

[A]	[B]	
Antaŭ	mi ĉeestos en rondo	Antaŭ ol mi ĉeestos en rondo
Antaŭ	Lidia vizitos min	
Antaŭ	la klasoĉambro fermiĝos	
Post	mi sate tagmanĝas	
Post	mia amiko redonas mian kajeron	

★ Ekzerco 3

예시를 읽고 주어진 표현으로 빈칸을 채워 문장을 완성하시오.

ekzemplo

Ĉar mi ne havis pli da tempo, mi ne restis plu.

→ Se mi havus pli da tempo, mi restus plu.

<strukturo>

Ĉar ___[A]___ , ___[B]___ .

→ Se ___[A′]___ , ___[B′]___ .

[A]	[B]		Kompleta Frazo
mi havis rendevuon	mi ne tagmanĝis	→	Se mi ne havus rendevuon, mi tagmanĝus.
ili jam geedziĝis	ili rajtas partopreni		
vi amas filmojn	mi rekomendas ĉi tion		
Esperanto estas facila	mi feliĉe lernas ĝin.		

★ Esprimo kaj Vorto

Malfermo (Malfermiĝo)	Fermo (Fermiĝo)	Solena Inaŭguro
Interkona Vespero	Internacia / Nacia Vespero	Tuttaga Ekskurso
Bankedo	Libroservo	Movada Foiro

BAZNIVELA KONVERSACIO DE ESPERANTO

초급 에스페란토 회화

부록

ALDONO

Verba Finaĵo
동사 어미

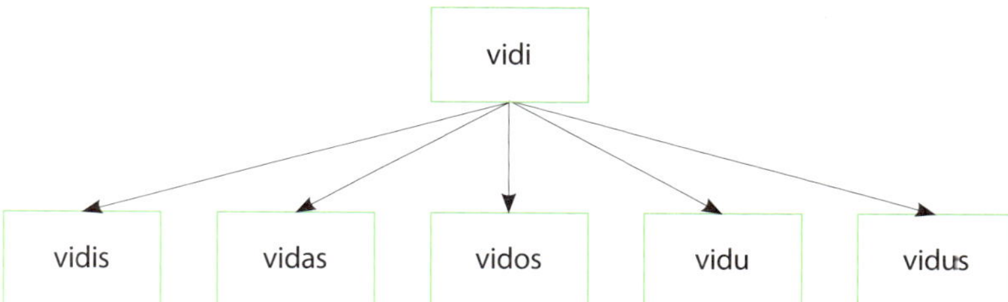

-i: 부정형(infinitivo)

Vidi estas kredi. 보는 것이 믿는 것이다.

Mi volas iri. 나는 가기를 원한다.

-is: 직설법 과거형(preterito)

Vi vidis veron. 당신은 진실을 보았다.

Mi iris al la domo. 나는 그 집에 갔다.

-as: 직설법 현재형(prezenco)

Vi vidas veron. 당신은 진실을 보고 있다.

Mi iras al la domo. 나는 그 집에 가고 있다.

-os: 직설법 미래형(futuro)

Vi vidos veron. 당신은 진실을 볼 것이다.

Mi iros al la domo. 나는 그 집에 갈 것이다.

-u: 명령법(imperativo), 의도법(volitivo)

(Vi) vidu la veron. (당신은) 진실을 보아라.

Mi iru al la domo. 내가 그 집에 가겠다.

-us: 가정법(imaga modo)

Se vi vidus veron 당신이 진실을 봤더라면

Ĉu mi povus iri? (공손한 부탁) 제가 갈 수 있을까요?

Persona Pronomo
인칭대명사

<table>
<tr><td>Singularo</td><td>mi</td><td rowspan="2">vi</td><td>li</td><td>ŝi</td><td>ĝi</td><td rowspan="2">oni</td><td rowspan="2">si</td></tr>
<tr><td>Pluralo</td><td>ni</td><td colspan="3">ili</td></tr>
</table>

1) 재귀대명사 si는 대화 참가자인 1·2인칭과는 짝을 이루지 않는다.

Mi amas min. (○) / Mi amas sin. (×)

Vi amas vin. (○) / Vi amas sin. (×)

Li amas lin. (○) / Li amas sin. (○)

★ *Li amas lin*에서 두 *li*는 예컨대 '아버지와 아들', '두 남성 친구'처럼 서로 가리키는 대상이 다르다.

2) 소유격은 형용사형 어미 *-a*가 붙어서 형성된다.

mia 나의

nia 우리의

via 너(희)의, 당신(들)의, 여러분의

lia 그 남자의

ŝia 그 여자의

ĝia 그것의

ilia 그들의

onia 세상 사람의, 모두의

sia 자기 자신의

3) 어미 결합 순서는 [소유격 – 복수 – 목적격]이다.

mia amiko 내 친구

miaj amikoj 내 친구들

miajn amikojn 내 친구들을

Prepozicio
전치사

A. 특수 전치사

B. 위치 전치사

C. 방향 전치사

Ĉ. 기타 전치사

[편집주]

위 구분은 저명한 에스페란토 연구자 베르틸 벤네르그렌(Bertil Wennergren)의 에스페란토 문법 안내 전집(PMEG: Plena Manlibro de Esperanta Gramatiko)에서 제시하는 기준을 따른 것이다.

A. 특수 전치사

1) Je

- 단위: ĝi estas alta je du metroj. 그것은 높이가 2미터이다.
- 상태: mi sentas doloron je mano. 나는 손에 통증을 느낀다.
- 시각, 횟수, 날: je la unua horo 1시에 / je la unua fojo 1회에 / je Kristnasko 크리스마스에

2) De

- 움직임, 작용의 근원: mi revenis de Seulo. 나는 서울에서 돌아왔다. / mi eksaltis de surprizo. 나는 놀라서 뛰어올랐다.
- 소유, 소속: la horloĝo de mia avo 내 할아버지의 시계 / taso de kafo 커피잔
- 동작, 작용의 행위자: la romano estas verkita de Veronika. 그 소설은 베로니카에 의해 쓰였다.

3) Da

- 구체적인 양, 정도의 표시: du tasoj da kafo 커피 두 잔 / unu korbo da ĉerizo 체리 한 바구니
- 한정적인 양, 정도의 수식: multe da 많은 / iom da 어느 정도의 / tiom da 그만큼의

B. 위치 전치사

(★: 의미에 따라 뒤에 목적격 *-n*를 수반할 수 있음)

1) Antaŭ ★

- (공간적) 앞에, 앞에서: antaŭ mi 내 앞에서 / antaŭ la domo 그 집 앞에서
- (시간적) 전에, 앞서서: antaŭ eniro 들어가기에 앞서서 / antaŭ la ceremonio 행사 전에

※ 공간적 의미의 *antaŭ*에만 ★이 붙음.

2) Malantaŭ ★

- (공간적) 뒤에, 뒤에서: malantaŭ mi 내 뒤에서 / malantaŭ la domo 그 집 뒤에서

3) Apud ★

- (붙지 않은) 옆에서, 곁에서: staru apud mi. 내 옆에 서 있어라.

4) Ĉe ★

- (붙은, 인접한) 옆에서, 곁에서: ŝi sidas ĉe tablo. 그 여자는 책상에 붙어 앉아 있다

5) Ĉirkaŭ ★

- (원형으로) 둘러서: havu rubandon ĉirkaŭ la kolo. 목에 리본을 둘러라.
- 근처에, 주변에: li ĉiam promenas ĉirkaŭ la parko. 그 남자는 항상 그 공원 주변에서 산책한다.

6) Ekster ★

- 밖에, 바깥에: la hundo ludas ekster via domo. 그 개는 당신 집 바깥에서 놀고 있다.
- 벗어나서, 넘어서는: ekster danĝero 위험에 처하지 않은 / ekster mia scio 내가 아는 범위를 넘어서는

7) En ★

- 안에, 내부에: ili restos en sia ĉambro. 그들은 자신의 방 안에서 머물 것이다.
- 에, 에서: en la unua tago 첫 번째 날에 / en Koreio 한국에서

8) Inter ★

- 사이에, 중간에서: Mi staris inter ili. 나는 그들 사이에 서 있었다. / Koreio estas inter Ĉinio kaj Japanio. 한국은 중국과 일본 사이에 있다.

9) Kontraŭ ★

- 에 맞대고: la pordo estas kontraŭ la muro. 그 문은 그 벽을 맞대고 있다. / mi apogas min kontraŭ la kolono per la manoj. 나는 손으로 기둥에 기대고 있다.
- 에 거슬러, 대항하여, 맞서서: li naĝas kontraŭ la fluo. 그 남자는 흐름을 거슬러 수영한다.
- 에 해당하게 값을 치르고: mi sendis la leteron kontraŭ du dolaroj. 나는 2달러로 편지를 보냈다.

10) Post ★

- (시간적) 뒤에, 나중에: Post la matĉo, ili kune eliris. 경기가 끝나고 그들은 함께 나갔다.
- (공간적) = malantaŭ

※ 공간적 의미의 *post*에만 ★이 붙음.
※ 공간적 의미의 *post*는 현대 에스페란토에서는 잘 사용되지 않는다.

11) Preter ★

- 곁을 지나치면서: li pasis preter mi sen saluto. 그 남자는 인사 없이 내 곁을 지나갔다.

12) Sub ★

- (떨어져서) 아래에서, 밑에서: la metroo veturas sub la tero. 그 도시 철도는 땅 아래로 간다.
- (붙어서, 인접하여) 아래에: la letero estas sub la libro. 편지는 책 아래에 있다.

13) Super ★

- (떨어져서) 위에, 위에서: multaj steloj brilis super ni. 많은 별이 우리 머리 위에서 빛났다.

14) Sur ★

- (붙어서, 인접하여) 위에, 위에서: interesa libro estas sur la tablo. 그 책상 위에 흥미로운 책이 있다.
- (보편적인 위치로서) 에, 에서: se mi estus sur via loko, mi ne farus tion. 내가 당신 위치(입장)였다면 그것을 하지 않았을 것입니다.

15) Tra ★

- (공간적) 를 통하여, 통과하여, 로 향하여, 펼쳐서: la kato kuris tra barilon. 고양이가 장벽을 뚫고 달렸다. / li vagis tra Saharo. 그 남자는 사하라를 떠돌았다.
- (시간적) 내내, 새워서: la hundo bojos tra la nokto. 그 개는 밤 내내 짖을 것이다.

※ 공간적 의미의 *tra*에만 ★이 붙음.

16) Trans ★

- 건너편에, 건너에: via instruisto staras trans la strato. 당신 선생님이 길 건너편에 서 계십니다.

C. 방향 전치사

1) Al

- (이동, 작용의 방향으로) 에, 으로: mi iros al hospitalo. 나는 병원에 갈 것이다.
- (수여의 대상으로서) 에게: mi volonte donacos ĝin al vi. 나는 기꺼이 당신에게 이것을 선물하겠습니다.

2) El

- (안에서 밖으로 향하는) 로부터: mia patro forpelis min el la domo. 아버지가 나를 집으로부터 쫓아내셨다. / ili eliris el Busano. 그들은 부산에서 나왔다 / 나갔다.
- (출신, 기원으로서) 에서, 로부터: ja ŝi fariĝis junulo el eta knabino. 정녕 그 여자는 어린 소녀에서 청년이 되었구나. / la eltiro estas el *Kontakto*. 그 발췌는 Kontakto지에서 나왔다.
- (재료로서) 로, 로써: la memoraĵo estas farita tute el oro. 그 기념품은 완전히 금으로 만들어졌다.

3) Ĝis

- (시간, 공간의 범위로서) 까지: de lundo ĝis ĵaŭdo 월요일부터 목요일까지 / mi promenis ĝis la urbocentro. 나는 도심까지 산책했다.
- (강조, 과장으로서) 까지, 까지도: de homo ĝis bruto ĉio ne plu loĝas tie. / 사람부터 짐승까지 모두 더 이상은 그곳에 살지 않는다.

Ĉ. 기타 전치사

(★: 의미에 따라 뒤에 목적격 -*n*를 수반할 수 있음)

1) Anstataŭ ★

- 대신에, 대신하여: mi elektis vin anstataŭ li. 나는 그 남자를 대리하여 당신을 택했다, / mi elektis vin anstataŭ lin. 나는 그 남자를 택하는 대신에 당신을 택했다.

2) Dum

- 동안에: ne moviĝu dum fotado. 사진 찍는 동안에 움직이지 마시오.

3) Krom

- 을 제외하고, 빼고는: krom ŝi, ĉiuj studentoj venis ekzameniĝi. 그 여자를 제외하고는 모든 학생이 시험을 보러 왔다.

4) Kun

- 와 함께: la knabo volis interparoli kun la soldato. 그 소년은 그 군인과 함께 대화를 나누고 싶었다.
- (성질, 특징 등이) 있는: ĉevalo kun blankaj haroj 털이 흰 말

5) Laŭ

- 을 따라: mi promenis laŭ la rivero Hangang. 나는 한강을 따라 산책했다. / oni vizitis la muzeon laŭ la itinero. 사람들은 여행 일정을

따라 그 박물관을 방문했다.

- 에 의하면: laŭ mia scio, tio estas erara. 내가 아는 바에 의하면 저것은 틀렸다.

6) Malgraŭ

- …에도, …이지만: li finfine malsukcesis malgraŭ la helpo. 그 남자는 그 도움에도 불구하고 결국에는 실패했다.

7) Per

- (도구) 로, 로써: mi ne tajpis per klavaro. 나는 키보드로 입력하지 않았다. / tranĉu la panon per pli akra tranĉilo. 그 빵을 더 날카로운 칼로 자르세요.

8) Po ★

- (양, 정도) 씩: ili staris en vico po du. 그들은 둘씩 줄을 서 있다. / legu po 4 paĝoj ĉiutage, ĉar vi devas fini 25 paĝojn en unu semajno. 당신은 일주일에 25쪽을 끝내야 하므로 매일 4쪽씩 읽으세요.

9) Por

- (특정 행위, 쓰임을) 위하여: mi bezonas tempon por ripozo. 저는 쉴 시간이 필요합니다. / mi vestis min por la ceremonio. 나는 행사에 맞는 옷을 입었다.
- (특정 사람을) 위하여: mi aĉetis kelkajn fruktojn por vi. 저는 당신

을 위해 과일을 몇 개 샀습니다.

- (특정 시각) 동안: mi diris nenion por momento. 나는 잠시 동안 아무 말도 하지 않았다.

10) Pri

- 에 대하여: mi iom interesiĝas pri la propono. 나는 그 제안에 대하여 조금 흥미가 있다. / informu min pri Esperanto. 저에게 에스페란토에 대해 알려주세요.

11) Pro

- (이유, 동기) 때문에: li alvenis malfrue pro trafiko. 그 남자는 교통 때문에 늦게 도착했다. / ne ridu pro ŝia eraro. 그 여자의 실수 때문에 웃지 마세요.
- (목표) 때문에: mi vizitis vian oficejon pro la dokumento. 나는 그 문서 때문에 당신의 사무실을 방문했다.

※ 목표의 *pro*는 *por*와 종종 혼용된다.

12) Sen

- 없이, 결여된 채로: mi petas kafon sen sukero. 설탕 없는 커피를 부탁합니다. / li revenis sen eĉ unu vorto. 그 남자는 한마디도 없이 돌아왔다.

Konjunkcio
접속사

A. 등위 접속사
B. 종속 접속사
C. 기타 접속사

A. 등위 접속사

1) Aŭ: 혹은, 또는

Li devas veni aŭ telefoni. 그 남자는 오거나 전화해야 한다.

Li devas aŭ veni aŭ telefoni. 그 남자는 오든지 전화하든지 해야 한다.

Ĉu esti aŭ ne esti, tio estas la demando. 사느냐 죽느냐, 그것이 문제로다.

2) Kaj: 그리고, …와

En la rakonto aperas urso kaj tigro. 그 이야기에는 곰과 호랑이가 등장한다.

En la rakonto aperas kaj urso kaj tigro. 그 이야기에는 곰도 호랑이도 등장한다.

Kaj Tiam Ekzistis Neniu (Agatha Christie) '그리고 아무도 없었다' (애거서 크리스티)

3) Sed: 그러나, 그렇지만, ~이 아니라

Sed neniu sukcesis. 그러나 아무도 성공하지 못했다.

Ŝi klopodis por fondi lernejon, sed instruistoj mankis tie. 그 여자는 학교를 세우려고 노력했지만 그곳에는 선생이 부족했다.

Mi ne volas monon, sed honoron. 나는 돈이 아니라 명예를 원한다.

4) Nek: 도 아니다

Mi ne renkontis ŝin, nek ŝian edzon. 나는 그 여자를 만나지 않았으며 또한 그 여자의 남편도 만나지 않았다.

Mi renkontis nek ŝin, nek ŝian edzon. 나는 그 여자도 그 여자의 남편도 만나지 않았다.

B. 종속 접속사

1) Ĉar: 때문에, 이므로

Mi lernas fizikon, ĉar mi volas kompreni universon. 나는 만물을 이해하고 싶어서 물리학을 배운다.

2) Ke: 라고, 한다는, 이라는

Mi pensas, ke li estas sana. 나는 그 남자가 건강하다고 생각한다.

Ĝi estis bona novaĵo, ke la milito baldaŭ finiĝos. 그것은 전쟁이 곧 끝난다는 좋은 소식이었다.

3) Kvankam: 함에도, 임에도, 불구하고

Li diris nenion, kvankam li scias multon. 그는 많은 것을 알고 있음에도 아무 것도 말하지 않았다.

4) Ol: 보다, 에 비해

La vulpo estas pli inteligenta ol la leporo. 여우는 토끼보다 더 똑똑하다.

5) Se: 만약, 만일, 한다면, 했다면

Se vi donas al mi monon, mi aĉetos manĝeton. 저에게 돈을 주시면 간식을 사오겠습니다.

Se vi donus al mi monon, mi aĉetus manĝeton. 저에게 돈을 주셨다면 간식을 사왔을 텐데요.

C. 기타 접속사

1) Minus: (뺄셈을 표시), (음수를 표시)

Kvin minus du estas tri. 5 빼기 2는 3이다.

Nun estas minus kvin gradoj celsie. 현재 섭씨 영하 5도입니다.

2) Plus: (덧셈을 표시), (양수를 표시)

Kvin plus du estas sep. 5 더하기 2는 7이다.

Nun estas plus kvin gradoj farenhejte. 현재 화씨 영상 5도입니다.

Korelativo
상관사

	-a (성질)	-al (이유)	-am (시간)	-e (장소)	-el (방법)	-es (소유)	-o (사물, 일)	-om (양, 정도)	-u (사람, 사물)
ĉi- 모든	ĉia (j,n)	ĉial	ĉiam	ĉie (n)	ĉiel	ĉies	ĉio (n)	ĉiom	ĉiu (j,n)
i- 어떤	ia (j,n)	ial	iam	ie (n)	iel	ies	io (n)	iom	iu (j,n)
ki- 어느	kia (j,n)	kial	kiam	kie (n)	kiel	kies	kio (n)	kiom	kiu (j,n)
neni- 부정	nenia (j,n)	nenial	neniam	nenie (n)	neniel	nenies	nenio (n)	neniom	neniu (j,n)
ti- 그	tia (j,n)	tial	tiam	tie (n)	tiel	ties	tio (n)	tiom	tiu (j,n)

1) 목적격 어미 *-n*만 붙을 수 있는 것은 *-e*와 *-o* 계열이고 목적격 어미와 복수 어미 *-j*가 모두 붙을 수 있는 것은 *-a*와 *-u* 계열이다.

2) i-는 집어 말할 수 없는 막연한 것을 가리킬 때 사용한다. 반면 ki-는 물음에 사용한다.

Kie li estas? 그 남자는 어디에 있습니까?

Ie li estas. 그 남자는 어디엔가 있습니다.

3) ajn은 상관사와 결합하여 미정의 뜻을 부여한다.

Mi volas renkontiĝi kun iu. 나는 누군가와 만나고 싶다.

Mi volas renkontiĝi kun iu ajn. 나는 아무나 만나고 싶다.

※ ajn은 상관사를 강조하는 기능으로도 쓰인다.

※ 상관사 중 ti- 계열(tia, tial, tiam, …)은 의미가 ajn과 상충하여 함께 쓰일 수 없다.

Primitiva Adverbo
원래부사

Ajn	Almenaŭ	Ankaŭ	Ankoraŭ	Apenaŭ
Baldaŭ	Ĉi	Des	Do	Eĉ
For	Hieraŭ	Hodiaŭ	Ja	Jam
Jen	Jes	Ju	Ĵus	Kvazaŭ
Mem	Morgaŭ	Ne	Nun	Nur
Plej	Pli	Plu	Preskaŭ	Tamen
Tre	Tro	Tuj		

본문 번역

제1과

대화1

민수　안녕! 혹시 에스페란토 사용자니?

가브리엘　응, 나는 에스페란토 사용자야. 너는?

민수　나도 에스페란토 사용자야.

가브리엘　오, 안녕, 친구야!

대화2

가브리엘　여기, 내 명함.

민수　고마워. 네 이름은 가브리엘이네.

가브리엘　나는 프랑스에서 왔어. 너는?

민수　내 이름은 민수야. 나는 한국인이야.

대화3

가브리엘 너는 학생이야? 나는 언론 전공 학생이야.

민수 응, 나는 경제학 전공 학생이야.

가브리엘 그래. 다음에 보자!

민수 잘 가!

제2과

대화1

민수 좋은 하루, 가브리엘! 어떻게 지내?

가브리엘 안녕, 민수. 나는 잘 지내, 고마워. 저건 뭐야?

민수 이거? 이건 에스페란토에 대한 책이야.

대화2

가브리엘 이 책은 어때?

민수 이것은 흥미로워.

가브리엘 민수, 저 여자도 같은 책을 갖고 있어!

민수 저 여자가 누군데?

대화3

가브리엘 그 여자는 하얀 책상의 오른편에 있어.

민수 아하, 같은 책을 가지고 있네.

가브리엘 아마 저 여자도 에스페란토 사용자일 거야.

제3과

대화1

민수 안녕. 에스페란토 배우니?

하루 오, 응, 에스페란토 배워. 그걸 어떻게 알았어?

민수 네가 에스페란토 교재를 갖고 있네.

하루 아하, 그렇게. 안녕, 만나서 반가워.

대화2

하루 나는 하루라고 해. 너는 이름이 뭐야?

민수 나는 민수야. 한국인이니?

하루 아니, 나는 일본인이야. 나는 여기에서 베트남어를 배워.

민수 오, 그래? 흥미롭네.

하루 일본어를 할 줄 알아?

민수 아니, 나는 할 줄 몰라.

대화3

가브리엘 안녕. 나는 민수의 친구인 가브리엘이야.

하루 네가 가브리엘이구나! 안녕.

가브리엘 뭐하고 있어?

하루 나는 자전거 동아리 친구를 기다리고 있어.

가브리엘 어, 취미가 자전거 타기야?

하루 응. 너는 뭐야?

가브리엘 내 취미는 영화 관람이야.

제4과

대화1

하루 좋은 하루, 민수! 어디로 가고 있어?

민수 나는 지금 학생 식당으로 가고 있어.

하루 혼자서 밥 먹어? 우리 같이 점심 먹자!

민수 좋아.

대화2

민수 뭐 먹고 싶어?

하루 음, 국수가 먹고 싶네. 너는?

민수 나는 샌드위치가 먹고 싶어.

하루 오늘은 토요일이야. 학생 식당은 주말에는 그거 안 팔아.

민수 아하, 알겠어.

하루 버터빵은 어때?

민수 아니야, 우리 국수 먹자.

대화3

하루 금요일 저녁에 시간 있어?

민수 아니, 일이 있는데. 왜?

하루 필리핀에서 애니가 그때 와.

민수 음, 만나도록 노력할게.

第5과

대화1

가브리엘　하루! 좋은 아침.

하루　안녕, 가브리엘! 너한테 전화하고 싶었어.

가브리엘　왜 나한테 전화 안 했어?

하루　난 네 전화번호를 몰라.

가브리엘　그렇구나. 내 전화번호는 013-1859-1917이야.

하루　영 일 삼, 일 팔 오 구, 일 구 일 칠?

가브리엘　응. 다음에 봐!

하루　잘 가!

대화2

민수　지금 뭐 읽고 있어?

하루　나는 폴란도 지도를 읽고 있어. 비아위스토크에 갈 거야.

민수　오호, 여름 방학 동안에 여행할 계획이야?

하루　응. 나는 폴란드의 비아위스토크랑 네덜란드의 로테르담을 여행할 계획이야.

민수　어, 왜?

하루　나 세계 (에스페란토) 대회에 참가할 거야! 비아위스토크에서 열려.

민수　그렇구나. 로테르담도 세계 대회와 관련이 있어?

하루　아니, 그 도시에서는 다른 대회가 열릴 거야.

대화3

민수	안녕하세요! 아마 애니 씨시죠, 아닌가요?
애니	응! 애니라고 불러. 경칭은 쓰지 마, 친구.
민수	알겠어. 나는 민수야. 너 TEJO 회원이야?
애니	응, 맞아. 네가 IJK에 관심이 있다는 이야기를 들었어.
민수	대회에 참가하고 싶어.
애니	만약 도움이 필요하면, 주저하지 말고 물어봐.

제6과

대화1

가브리엘	어이, 애니! 오랜만이야!
애니	오랜만이야, 가브리엘. 어떻게 지내?
가브리엘	문제없지. 나, 너, 하루, 그리고 민수 모두가 IJK에 참가할 거야.
애니	민수는 UK에는 등록 안 할 거야?
가브리엘	아니, 그 시기에 오스트리아를 여행하고 싶대.
애니	UK가 언제 시작하지?
가브리엘	7월 25일에, 아냐?

대화2

가브리엘 하루가 함께 이동하지, 안 그래? 언제까지 동행해 줄 거야?

애니 개막식 전까지. 다른 사람이 도와줄 거야.

가브리엘 누가?

애니 중국에서 온 한. 한은 지금 로테르담에서 공부하고 있어. 너는 하루랑 동행해 줄 수 있어?

가브리엘 유감스럽지만 안 돼. 나는 다른 장소를 방문할 거야.

대화3

애니 그나저나, 너도 소풍에 참가하는 거지?

가브리엘 아니, 나는 대회장 근처에 머무를 거야.

애니 그렇구나. 그렇긴 해도 축구 팀에는 소속되어 있지, 안 그래?

가브리엘 그래. 경기 볼 거야?

애니 경기가 언제 열리지?

가브리엘 27일, 세 번째 날 세 시에.

제7과

대화1

민수　안녕, 하루. 벌써 비행기 표 구매했어?

하루　나는 비행기가 아니라 시베리아 횡단 열차로 이동해.

민수　정말? 왜 비행기로 이동 안 해?

하루　긴 철로를 경험하고 싶어서.

민수　멋지다! 애니도?

하루　아니, 애니는 혼자 이동해. 나는 모스크바까지 내 남동생이랑 여행할 거야.

★ 원문의 frato는 남동생, 오빠 모두 가능하다.

대화2

가브리엘　보통 어디에서 쇼핑해?

민수　음, 나는 인터넷으로 쇼핑하는 편을 선호해.

가브리엘　배송을 받으려면 얼마를 쓸 필요가 있어?

민수　5만원이나 그 이상으로 뭔가를 사면 판매상이 무료로 배달해 줘.

가브리엘　좋네, 설명 고마워.

대화3

하루　운 좋게도 모스크바에서 5000루블에 방 예약해.

애니　좋네. 어디에서 밥 먹을 거야?

하루　몰라. 아마 패스트푸드점에 갈 거야.

애니　안 돼, 현지 식당에 가!

제8과

대화1

애니　며칠에 비행기가 이륙해?

가브리엘　15일에 이륙해. 음, 창구에 6시에 방문해야 해.

애니　그때 전철이나 열차를 탈 수 있어?

가브리엘　아마 안 될 거야. 열차가 조금 늦게 오는 것 같아.

대화2

가브리엘　민수, 이 교통 앱은 버스에 대해서 믿을 만해?

민수　음, 저녁에는 전철을 잡는 걸 추천해.

가브리엘　전철은 어때? 시간 정확하게 도착해?

민수　전철은 거의 항상 시간 정확하게 출발하고 도착하지.

대화3

하루 이미 준비 끝났어?

민수 한 가지 단계만 빼고 준비됐어.

가브리엘 그게 뭔데?

민수 환전. 현금을 얼마나 들고 갈까?

가브리엘 많이 들고 가지 마. 상황에 따라서 신용카드를 쓸 수 있어.

하루 동의해.

제9과

대화1

(빈의 에스페란토 박물관에서)

민수 안녕하세요! 여기 누구 계세요?

토비아스 환영합니다, 환영합니다. 저는 박물관 관리인 토비아스입니다. 도움이 필요하신가요?

민수 네. 박물관이 이미 닫혔나요?

토비아스 유감스럽지만 그렇습니다. 18시에 이미 닫혔습니다.

민수 그래요? 21시에 닫을 것으로 잘못 알고 있었네요.

토비아스 목요일에만 그렇습니다. 오늘은 월요일이죠, 그렇죠? 선생님, 내일 다시 방문해 주십시오.

대화2

(모스크바에서)

드미트리 안녕하세요, 혹시 에스페란토 사용자이신가요?

하루 오, 네! 저는 일본에서 온 하루예요. 당신은요?

드미트리 저는 러시아 모스크바에서 온 드미트리입니다. 당신 가방 위에 있는 초록색 별을 봤어요.

하루 제 친구 가브리엘이 그걸 가방 위에 달 것을 추천했어요.

드미트리 혹시 프랑스에서 온 가브리엘?

하루 네! 아는 사이세요?

드미트리 네, 제 친구이기도 합니다.

하루 오, 아주 놀랍네요!

대화3

가브리엘 한이 조금 늦게 대회장을 방문할 것이라고 들었어. 이거 알고 있어?

애니 아니, 왜 늦게 온대?

가브리엘 메시지에 따르면 교수가 급하게 약속을 잡았대.

애니 그렇구나. 우리가 상황을 이해해야지.

가브리엘 동의해. 하지만, 그러면 누가 하루와 동행하지?

제10과

대화1

(바르샤바 공항에서)

애니　안녕, 하루! 여기, 왼쪽에!

하루　오, 애니! 오랜만이야!

애니　좋아. 여행 일정에 따르면 우리는 바르샤바 중심에서 점심을 먹을 거야.

하루　맞아. 175번 버스를 타자. 어디가 출구지?

애니　아마 저기? 지금이 대략 오후 3시. 버스는 10분 뒤에 출발할 거야.

하루　도착까지 얼마나 걸리지?

애니　버스는 30분 정도 걸려.

대화2

애니　민수한테서 메시지를 받았어. 이미 독일에 도착했대. 바로 로테르담으로 올 것 같아.

하루　맞아. 가브리엘은 지금 어디에 있지?

애니　어제 비아위스토크에 도착해서 지금 누군가 집에서 손님으로 묵고 있어.

하루　오호, 집 주인이랑 어떻게 아는 사이인 거야? 파스포르타 세르보(여권봉사)?

애니　아니, 예전 세계대회에서 친해진 사이일 거야.

대화3

하루 여기 에스페란토 사용자 많다!

애니 당연하지, 하루. 우리는 지금 세계 대회의 대회장에 있다고!

하루 그러면, 우리 먼저 뭘 할까?

애니 접수처에 들러서 대회 가방을 받아야 해.

하루 곧 개막식이 시작되니까 서두르자.

제11과

대화1

(개막식이 끝나고)

한 안녕! 혹시 일본에서 온 하루니? 나는 중국에서 온 한이야.

하루 오, 한! 응, 나는 하루야. 너는 교수 뵙는 약속으로 바빴어야 하는 거 아니야?

한 운 좋게도 오늘 저녁에는 일이 없어서, 잠깐 모바다 포이로 (Movada Foiro) 행사에 들렀어.

대화2

(로테르담으로 가는 열차 안에서)

민수 안녕, 내 친구들! 너희들을 유럽에서 만나게 되니 신난다.

하루 하하, 나도 그래. 가브리엘은 언제 와?

애니 지금 어디에 있는지 모르겠어.

한 어제 자기 집에 들렀다가 온다는 메시지를 보냈어.

애니 걱정하지 마! 아마 분명 이미 네덜란드 어딘가에 도착했을 거야.

민수 모든 게 계획대로 문제없이 진행되기를 바라고 있어.

대화3

(IJK의 접수처에서)

한 얀, 오랜만이야! 접수처 담당이야?

얀 오랜만이야, 한! 응, 자원봉사자야. 한, 대회 번호가 뭐야?

한 688.

얀 좋아, 여기 대회 가방. 그리고 여성 분?

하루 일본에서 온 스즈키 하루이고 번호는 505예요.

얀 좋아요, 여기 당신 가방.

한 가브리엘 이미 왔어?

얀 응, 율리오 바기 방에서 너희 기다릴 거라고 말했어.

한 율리오 바기 방… 2층에. 좋아, 고마워!

얀 잘 가!

제12과

대화1

(디스코테크에서)

민수 가브리엘, 노래 제목이 뭐야?

가브리엘 미안, 네 말이 안 들려! 좀 더 가까이 와!

애니 어이, 친구들, 왜 테이블 뒤에서 춤을 추고 있어?

하루 우리 앞으로 가자!

한 하하, 우리 여자친구들이 아주 흥이 넘치는구나.

민수 우리의 자원봉사자와는 다르게 말이지.

가브리엘 무슨 일이야? 얀이 이미 잠에 빠졌어?

하루 깨워! 흔들어!

민수 효과 없을 거야. 이미 자고 있어. 친구들, 우리 놀자고!

대화2

민수 좋은 아침, 가브리엘. 뭐 쓰고 있어?

가브리엘 우편엽서. 내 부모님은 내가 쓴 엽서를 좋아하셔.

민수 특히 외국 엽서가 있는 거, 안 그래?

가브리엘 맞아. 내가 열성적인 에스페란토 사용자가 되기 전에, 나는 아버지가 어머니에게 에스페란토로 적은 엽서를 읽곤 했어.

민수 그분들도 에스페란토 사용자셔?

가브리엘 응. 부모님은 다른 사람들이 내용을 이해하지 못하게 에스페란토로 편지를 주고받으셨어.

민수 아아, 에스페란토를 비밀 언어라고 생각하셨구나.

가브리엘　그래. 사실 이렇게 국제적인데 말이지.

대화3

(한국에서)

민수　벌써 새 학기가 오네, 하루. 지난 유럽 여행이 그립지 않아?

하루　진짜 그런 듯해. 아주 그리워. 시간이 더 있으면 계속 머물렀을 텐데.

민수　야, 한국 대회에 참가하지 않을래?

하루　언제 열리는데?

민수　오는 10월에. 모스크바에서 오는 드미트리도 참석한다고 들었어.

하루　그래? 남동생한테 나랑 같이 참가하자고 권해야지.

민수　좋아. 우리가 이렇게 국제적이게 되었다는 게 놀랍네.

하루　에스페란토가 우리 삶을 얼마나 의미 있게 할지 궁금해.

초급 에스페란토 회화

BAZNIVELA KONVERSACIO DE ESPERANTO

초판 1쇄 발행 2020년 2월 29일
초판 2쇄 발행 2025년 3월 24일

지은이 이영구 신현규
발행인 박정식
기획 신선호
편집장 장혜정
도서편집 박미현
디자인 최재영
출판행정 김가은
경영기획 김세희
인사행정 김지은 유빈
캐릭터 김세원
재무회계 곽순석 김세아
발행처 한국외국어대학교 지식출판콘텐츠원
02450 서울특별시 동대문구 이문로 107
전화 02)2173-2494~7
FAX 02)2173-3363
홈페이지 http://press.hufs.ac.kr
전자우편 press@hufs.ac.kr
출판등록 제6-6호(1969. 4. 30)
인쇄·제본 (주)케이프린텍 02-2272-1084

ISBN 979-11-5901-724-7 [13790] **정가** 17,000원

HUiNE 은 한국외국어대학교출판부의 어학도서, 사회과학도서, 지역학도서 Sub Brand이다. 한국외대의 영문명인 HUFS, 현명한 국제전문가 양성(International+Intelligent)의 의미를 담고 있으며, 휴인(携引)의 뜻인 '이끌다, 끌고 나가다'라는 의미처럼 출판계를 이끄는 리더로서, 혁신의 이미지를 담고 있다.